普通高等教育"十二五"规划教材

电子政务实验教程

主　编　赵学军
副主编　魏毅敏　武文斌
编　者　石凯文　李育珍　黄　晖　武　岳

北京邮电大学出版社
www.buptpress.com

内 容 简 介

本实验教程主要根据教育部及学校教学需要,围绕电子政务课程的教学要求,巩固教学知识点并加强学生的动手实践能力所开展的上机实验环节而编写的。

本教程主要内容包括外围框架管理、档案管理、国有资产管理、政府信息门户、公文传输平台、招标采购平台、行政审批系统、政府办公系统共 8 个实验单元,细分为 13 个子实验。按照各个实验的难易程度逐渐开展实验练习,使读者能够循序并尽快掌握电子政务常用办公子系统的操作步骤,并将课堂所学理论知识与上机实践相结合,为后续课程的学习及将来步入社会打下良好的基础。

本教程可作为高等学校电子政务、社区管理、公共管理等相关专业的实验教程,也可作为培训和自学教程及辅导教程。

图书在版编目(CIP)数据

电子政务实验教程 / 赵学军主编. -- 北京：北京邮电大学出版社，2015.6（2023.7 重印）
ISBN 978-7-5635-4314-4

Ⅰ. ①电… Ⅱ. ①赵… Ⅲ. ①电子政务—高等学校—教材 Ⅳ. ①D035.1-39

中国版本图书馆 CIP 数据核字（2015）第 071294 号

书　　　名：	电子政务实验教程
著作责任者：	赵学军　主编
责 任 编 辑：	马晓仟
出 版 发 行：	北京邮电大学出版社
社　　　址：	北京市海淀区西土城路 10 号（邮编：100876）
发 行 部：	电话：010-62282185　传真：010-62283578
E-mail：	publish@bupt.edu.cn
经　　　销：	各地新华书店
印　　　刷：	保定市中画美凯印刷有限公司
开　　　本：	787 mm×1 092 mm　1/16
印　　　张：	11.25
字　　　数：	289 千字
版　　　次：	2015 年 6 月第 1 版　2023 年 7 月第 5 次印刷

ISBN 978-7-5635-4314-4　　　　　　　　　　　　　　　　　定　价：25.00 元

· 如有印装质量问题,请与北京邮电大学出版社发行部联系 ·

前　言

　　将电子政务实验练习与实际课堂教学结合起来,让实验者能够运用所学知识,快速全面形象化地理解和掌握政府机关单位办公相关流程。利用电子政务教学实践平台,通过实验者在一个完整的政府电子政务系统上进行模拟操作,在模拟实践中体会电子政务给政府传统办公带来的巨大变革,掌握大量电子政务系统的操作技巧,领悟实现电子政务的真正意义。

　　实验内容包括档案管理、会议管理、政府信息门户、行政审批系统、政府办公系统、公文传输平台、招标采购平台以及国有资产管理等。按照电子政务成熟阶段的政府组织机构和运行方式,建立模拟的一体化电子政务体系,使实验者在模拟环境下,分别以公众、企业、政府公务员等不同的角色进入教学模拟系统的前台(面向公众和企业的门户网站)和后台(政府机关的办公自动化系统或职能部门的业务处理系统)进行实际操作,了解电子政务的整体形态、政府内部管理与外部管理和服务等各个电子政务系统运行的方式。通过实践课程的学习,对电子政务形成感性认识,通过实际操作体验电子政务的基本功能,从而感受到实施电子政务的重要性,并能够初步掌握实施电子政务的基本方法和策略。

　　电子政务教学实践面向多个应用对象,成功地将政府机构、企业、政府工作人员等方面的应用需求整合在一起。实验当中的各个模块均是高度仿真了目前电子政务建设领域内的最先进的应用手段和技术,将协同办公、网上一站式服务、电子签章等技术汇集应用到实践中,让学生在学习时犹如在政府事务办公环境中。

　　本书共8个实验单元,分别为外围框架管理、档案管理、国有资产管理、政府信息门户、公文传输平台、招标采购平台、行政审批系统、政府办公系统。细分为13个子实验。

　　编者建议本书的教学时数如下:课堂教学24学时,上机实验24学时。

　　本书由赵学军编写全文初稿、审稿并统稿;魏毅敏及武文斌指导学生验证书中实验;黄晖、栗昊炜、高博旭、顾清波、董佳鑫、武岳参加实验验证;石凯文、李育珍参与统稿等工作。

　　最后,对关心支持本书和本书编者的领导、同事和朋友们表示由衷的感谢!尤其对中国矿业大学(北京)的学校领导、教务处领导、学院领导和系全体师生表示感谢!

　　由于编者水平有限,加之时间较紧,因此疏漏瑕疵之处在所难免,恳请读者批评指正。

编　者

目　　录

实验一　外围框架管理 ··· 1
　　一、实验目的 ··· 1
　　二、实验内容和步骤 ··· 1

实验二　档案管理 ··· 4
　实验 2.1　系统功能管理和档案管理 ··· 4
　　一、实验目的 ··· 4
　　二、实验内容和步骤 ··· 4
　实验 2.2　档案处理 ·· 18
　　一、实验目的 ·· 18
　　二、实验内容和步骤 ·· 18

实验三　国有资产管理 ··· 30
　实验 3.1　基础信息维护和资产管理 ··· 30
　　一、实验目的 ·· 30
　　二、实验内容和步骤 ·· 30
　实验 3.2　资产领用与归还和资产异常处理 ··· 38
　　一、实验目的 ·· 38
　　二、实验内容和步骤 ·· 39
　实验 3.3　公共信息发布和资产综合查询 ·· 41
　　一、实验目的 ·· 41
　　二、实验内容和步骤 ·· 42

实验四　政府信息门户 ··· 45
　　一、实验目的 ·· 45
　　二、实验内容和步骤 ·· 45

实验五　公文传输平台 ··· 57
　　一、实验目的 ·· 57
　　二、实验内容和步骤 ·· 57

实验六　招标采购平台 ··· 71
一、实验目的 ··· 71
二、实验内容和步骤 ··· 71

实验七　行政审批系统 ··· 95
实验 7.1　行政事项相关操作 ·· 95
一、实验目的 ··· 95
二、实验内容和步骤 ··· 95
实验 7.2　并联审批事项 ··· 107
一、实验目的 ·· 107
二、实验内容和步骤 ··· 108

实验八　政府办公系统 ·· 131
实验 8.1　政府办公基本事项处理 ·· 131
一、实验目的 ·· 131
二、实验内容和步骤 ··· 131
实验 8.2　政府办公系统中的其他操作 ··· 146
一、实验目的 ·· 146
二、实验内容和步骤 ··· 146

参考文献 ·· 171

实验一

外围框架管理

实验背景

通过在一个完整的电子政务系统上进行模拟操作，让实验者在模拟实践中体会电子政务给政府传统办公带来的巨大变革，掌握大量电子政务系统的操作技巧。本次实验主要内容包括如何开始并进入到实验界面，如何查看成绩等内容。

实　　验

一、实验目的

1. 掌握如何打开电子政务教学实践平台软件；
2. 掌握如何以学生的身份进入到实验界面；
3. 掌握如何创建实验空间；
4. 掌握如何进行成绩查询以及实验进度跟踪；
5. 掌握如何写实验报告。

二、实验内容和步骤

首先，学生打开浏览器输入网址：http://192.168.210.2:81/allpassegov。

然后，以学生身份进入该系统，用户名：学生序号，密码：12345。单击【登录】，进入学生管理界面，如图1-1所示。

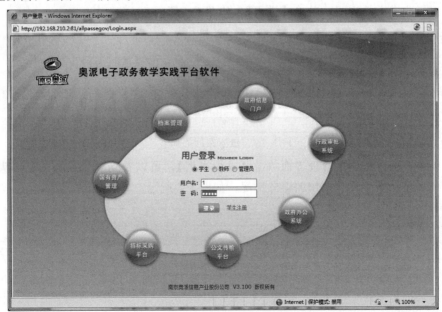

图1-1　学生登录界面

在学生管理界面单击"我的实验"下的【我的实验】,将看到该学生可以参与的实验列表,如图 1-2 所示。

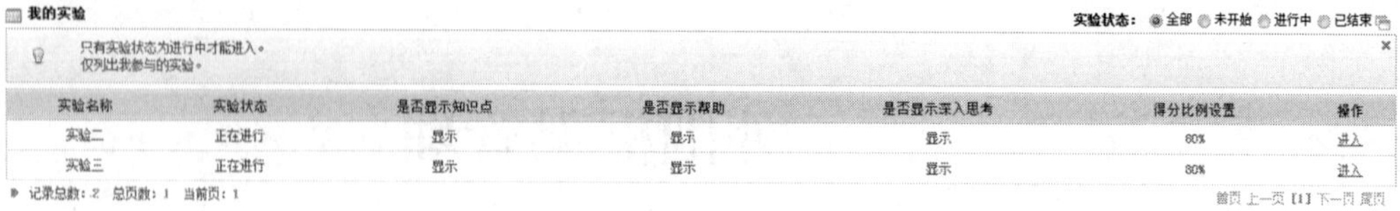

图 1-2 学生实验列表界面

单击实验状态为"正在进行"的实验后的【进入】,可以看到该实验的空间列表。学生可以自己创建独立空间独自实验,也可以加入开放型的小组公共空间。独立空间下当前参与实验的学生在本次实验中完成所有角色的操作;加入交互模型空间后涉及的角色分别由不同的学生担任,其中一名学生是组长,充当系统管理员的角色,可以进行进一步的功能角色分配,同一空间里学生共同完成实验,空间里任何一个成员完成操作步骤获得金币和经验值的同时,其他成员也能获得相同的金币和经验值。

(1)自己创建空间。单击【我也要创建空间】,输入空间名称(自己的学号或序号),选择空间类型(独立模型)和实验类型(开放型),如图 1-3 所示。

图 1-3 创建空间界面

(2)选择要进入的空间,单击【进入】,如图 1-4 所示。

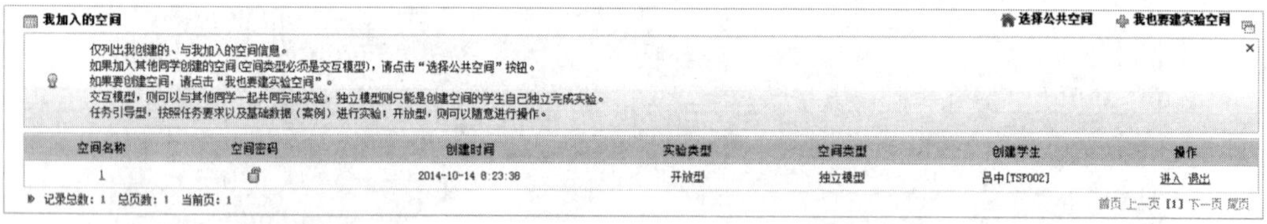

图 1-4 进入空间界面

(3)成绩查询。在学生管理界面单击【成绩查询】,可以看到学生参与的已结束的实验列表,该列表显示学生实验操作的得分情况,如图 1-5 所示。

图 1-5 成绩查询界面

(4)进度跟踪。通过进度跟踪,学生可以查看自已实验操作完成和未完成步骤。在学生管理界面单击【进度跟踪】,可以看到学生参与的正在进行的实验列表,单击【进入】,查看当前实验操作日志,如图 1-6 所示。

图 1-6 进度跟踪界面

设置筛选条件,单击【筛选】,可以查看到满足筛选条件的实验操作日志。

(5)实验报告。单击【实验报告】,可以看到学生参与的已结束的实验列表,单击【进入】,填写该实验的实验报告,如图 1-7 所示。

图 1-7 实验报告界面

单击【提交】,系统提示提交成功,如图 1-8 所示。

图 1-8 提交成功界面

实验二

档案管理

档案管理是以网络、计算机、信息技术为手段,以档案资源为对象,以档案工作为依托,按照信息社会和国家档案性质管理部门的要求,开展档案的收集、整理、保管、开发和利用的现代化管理过程。

实验 2.1　系统功能管理和档案管理

一、实验目的

1. 掌握基础信息设置的方法;
2. 掌握系统配置项维护的方法;
3. 掌握系统用户设置的方法;
4. 掌握档案日志管理以及档案收集的方法;
5. 掌握业务处理和技术处理的方法。

二、实验内容和步骤

首先在模块选择界面,选择【档案管理】,如图 2-1 所示。

图 2-1　模块选择界面

1. 基础信息设置

单击系统管理员后的【进入】，如图 2-2 角色选择界面所示。

图 2-2　角色选择界面

在"系统信息维护"下选择【档案信息维护】，填写档案的基本信息，单击【确定】，如图 2-3 所示。

图 2-3　档案馆信息维护界面

2. 系统配置项维护

（1）档案性质定义

在"系统信息维护"下选择【档案性质定义】，单击【新增档案性质】，如图 2-4 所示。

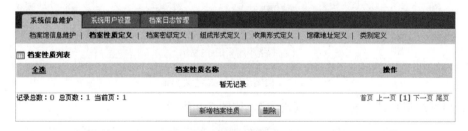

图 2-4　档案性质定义界面

设置档案性质名称，单击【确定】，如图 2-5 新增档案性质界面所示。

图 2-5　新增档案性质界面

按此方式依次添加"管理性"、"文化性"、"相对性"和"孤本性"。
（2）档案密级定义
在"系统信息维护"下选择【档案密级定义】，单击【新增档案密级】，如图 2-6 档案密级定义界面所示。

图 2-6　档案密级定义界面

设置档案密级名称，单击【确定】，如图 2-7 所示。

图 2-7　新增档案密级界面

按此方式依次添加"机密"、"秘密"。
（3）档案组成形式定义
在"系统信息维护"下选择【组成形式定义】，单击【新增档案组成形式】，如图 2-8 所示。

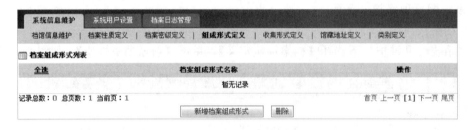

图 2-8　档案组成形式定义界面

设置档案组成形式名称，单击【确定】，如图 2-9 所示。

图 2-9　新增档案组成形式界面

按此方式添加"复制件"。
（4）档案收集形式定义
在"系统信息维护"下选择【收集形式定义】，单击【新增档案收集形式】，如图 2-10 所示。

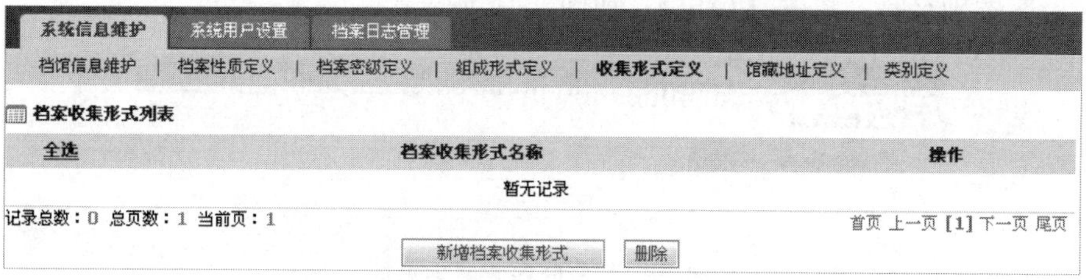

图 2-10　档案收集形式定义界面

设置档案收集形式，单击【确定】，如图 2-11 所示。

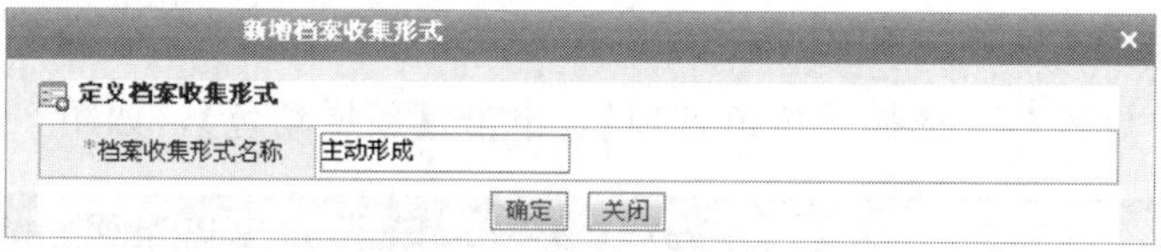

图 2-11　新增档案收集形式界面

按此方式依次添加"捐赠"、"寄存"、"购买"。

（5）馆藏地址定义

在"系统信息维护"下选择【馆藏地址定义】，单击【新增馆藏地址】，如图 2-12 所示。

图 2-12　馆藏地址定义界面

设置馆藏地址，单击【确定】，如图 2-13 所示。

图 2-13　新增馆藏地址界面

按此方式依次添加"综合室"、"信息室"。

（6）类别定义

在"系统信息维护"下选择【类别定义】，单击【新增档案类别】，如图 2-14 所示。

图 2-14　档案类别定义界面

设置档案类别名称，单击【确定】，如图 2-15 所示。

图 2-15　新增档案类别界面

按此方式依次添加"私人档案"、"文书档案"、"科技档案"、"专业档案"、"电子文件"。

3. 系统用户设置

（1）角色管理

在"系统用户设置"下选择【角色管理】，单击【新增角色】，如图 2-16 所示。

图 2-16　角色管理界面

设置角色名称以及角色说明，单击【确定】，如图 2-17 所示。

图 2-17　新增角色界面

（2）用户管理

在"系统用户设置"下选择【用户管理】，单击【新增用户】，如图 2-18 所示。

图 2-18　用户管理界面

定义用户信息，单击【确定】，如图2-19所示。

图 2-19 新增用户界面

（3）权限设置

在"系统用户设置"下选择【权限设置】，单击角色后的【权限设置】，如图2-20所示。

图 2-20 权限设置界面

选择需要授予的权限，单击【确定设置】，如图2-21所示。（为方便实验，这里授予管理员所有的权限）

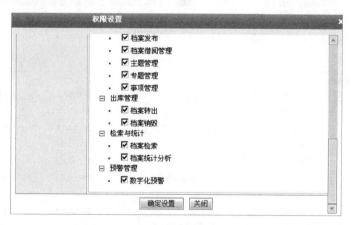

图 2-21 授予权限界面

4．档案日志管理

进行该任务之前，需进行档案业务操作（如：档案收集）。

（1）档案日志查询

在"档案日志管理"下选择【档案日志查询】，输入查询条件，单击【查询】，如图2-22所示。

图 2-22 档案日志查询界面

查询结果如图 2-23 所示。

图 2-23 日志查询结果界面

（2）档案日志删除

在"档案日志管理"下选择【档案日志删除】，在日志信息列表中选择需要删除的记录，单击下方的【删除】，如图 2-24 所示。

图 2-24 档案日志删除界面

5. 档案收集管理

切换用户，以李明身份登入系统，如图 2-25 所示。

图 2-25 角色选择界面

（1）档案收集

在"收集管理"下选择【档案收集】，单击【新增档案】，如图 2-26 所示。

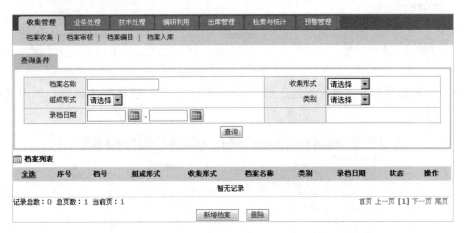

图 2-26 档案收集界面

填写档案信息并上传档案，单击【确定】，如图 2-27 所示。

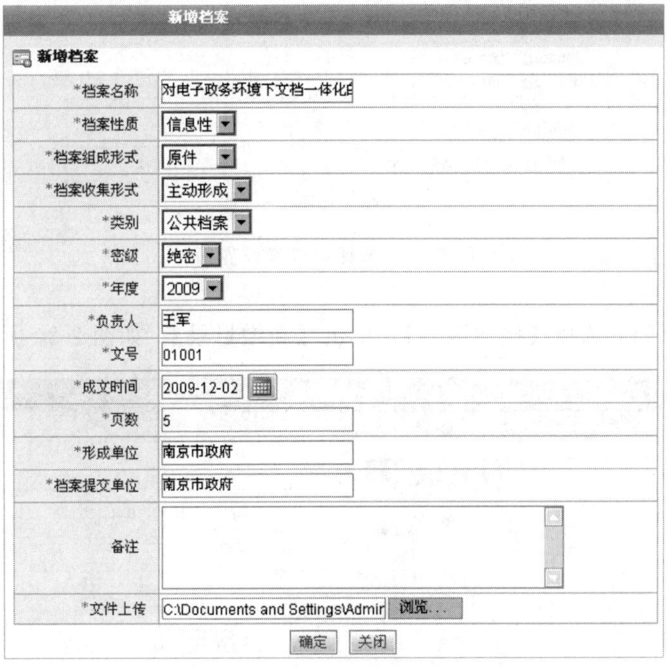

图 2-27 新增档案界面

(2) 档案审核

在"收集管理"下选择【档案审核】,单击列表后的【审核】,如图 2-28 所示。

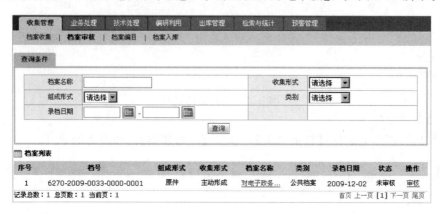

图 2-28　档案审核界面

选择要执行的操作,"审核通过"或者"驳回",这里,选择审核通过,单击【确定】,如图 2-29 所示。

图 2-29　选择审核操作界面

(3) 档案编目

在"收集管理"下选择【档案编目】,单击【新增目录】,如图 2-30 所示。

图 2-30　档案编目界面

编辑一级目录名称，单击【确定】，如图 2-31 所示。

图 2-31 新增一级目录界面

单击左侧"编目目录"下新增的一级目录【政务文件】，可以添加二级目录，如图 2-32 所示。

图 2-32 新增档案二级目录界面

编辑二级目录名称，单击【确定】，如图 2-33 所示。

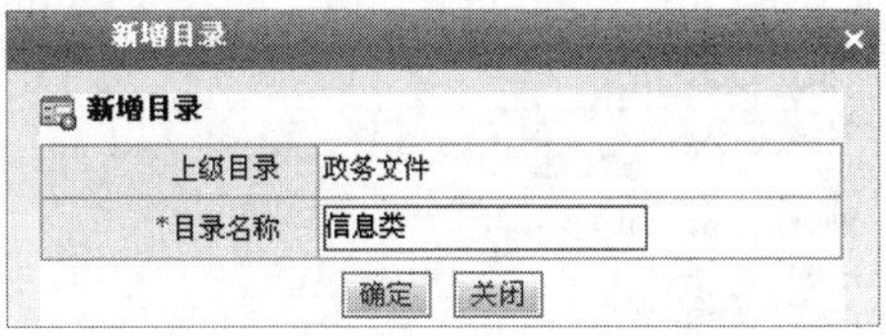

图 2-33 编辑二级目录名称界面

单击"政务文件"下的【信息类】，在"档案信息"下可以增加该目录下的档案，单击【新增档案】，如图 2-34 所示。

图 2-34 档案信息界面

在档案列表中选中一条档案，单击下方的【选择档案】，如图 2-35 所示。

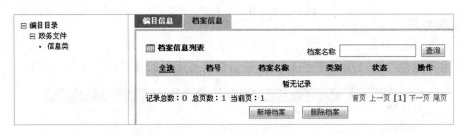

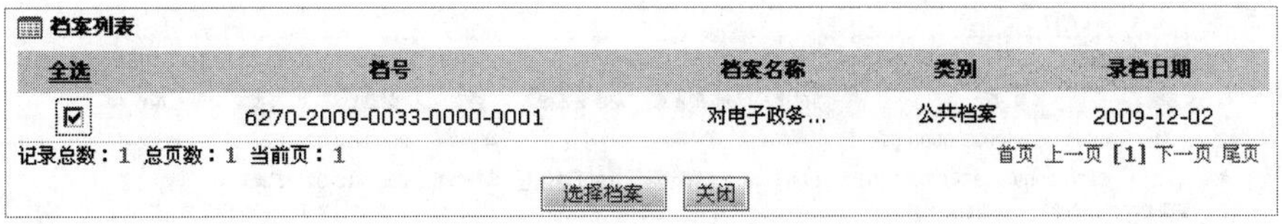

图 2-35 档案选择界面

(4) 档案入库

在"收集管理"下选择【档案入库】,单击档案列表后的【提交入库】,如图 2-36 所示。

图 2-36 档案入库界面

再次确认是否入库,单击【确定】,如图 2-37 所示。

图 2-37 选择档案是否入库界面

6. 业务处理

(1) 档案接收

在"业务处理"下选择【档案接收】,单击档案列表后的【接收入库】,如图 2-38 所示。

图 2-38 档案接收界面

选择"接收",单击【确定】,如图 2-39 所示。

图 2-39 入库操作界面

(2) 档案保管

在"业务处理"下选择【档案保管】,单击档案列表后的【保管登记】,如图 2-40 所示。

图 2-40 档案保管界面

填写保管登记信息,单击【确定】,如图 2-41 所示。

图 2-41 保管登记信息界面

已保管登记之后,单击档案列表后的【保管修改】,可以对保管登记信息进行修改,如

图 2-42 所示。

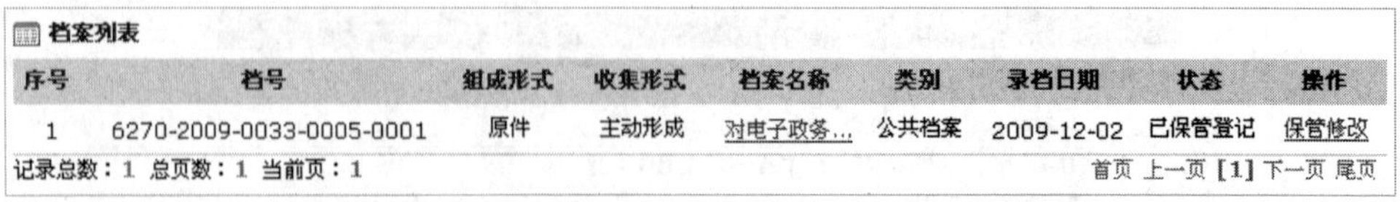

图 2-42 保管修改界面

（3）鉴定

在"业务处理"下选择【档案鉴定】，单击档案列表后的【鉴定】，如图 2-43 所示。

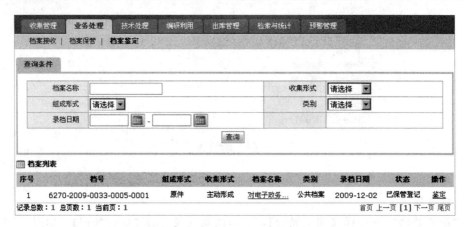

图 2-43 档案鉴定界面

若确定该档案具有价值，则在"是否有价值"之后打钩，如图 2-44 所示。

图 2-44 鉴定是否有价值界面

完善鉴定信息，单击【确定】，如图 2-45 所示。

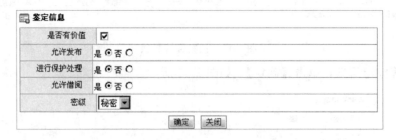

图 2-45 完善鉴定信息界面

7．技术处理

（1）档案加密保护

在"技术处理"下选择【档案加密保护】，单击档案列表后的【加密】，如图 2-46 所示。

实验二　档　案　管　理

图 2-46　档案加密保护界面

选择是否加密，单击【确定】，如图 2-47 所示。

图 2-47　加密保护处理界面

（2）档案微缩处理

在"技术处理"下选择【档案微缩处理】，单击档案列表后的【微缩】，如图 2-48 所示。

图 2-48　档案微缩处理

选择是否微缩，单击【确定】，如图 2-49 所示。

图 2-49　微缩处理界面

（3）档案数字化处理

在"技术处理"下选择【档案数字化处理】，单击档案列表后的【数字化】，如图 2-50 所示。

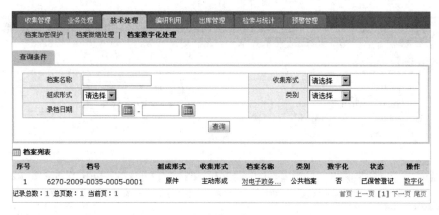

图 2-50　档案数字化处理界面

选择是否数字化处理，单击【确定】，如图 2-51 所示。

图 2-51　数字化处理界面

实验 2.2　档案处理

一、实验目的

1. 掌握档案大厅的相关操作；
2. 掌握档案出库、检索的相关操作。

二、实验内容和步骤

1. 编研利用以及大厅用户注册

（1）档案编研

以李明身份登入系统，在"编研利用"下选择【档案编研】，单击【新增编研】，如图 2-52 所示。

图 2-52　档案编研界面

填写编研课题信息,并在该课题下新增档案,单击【保存编研课题】,如图 2-53 所示。

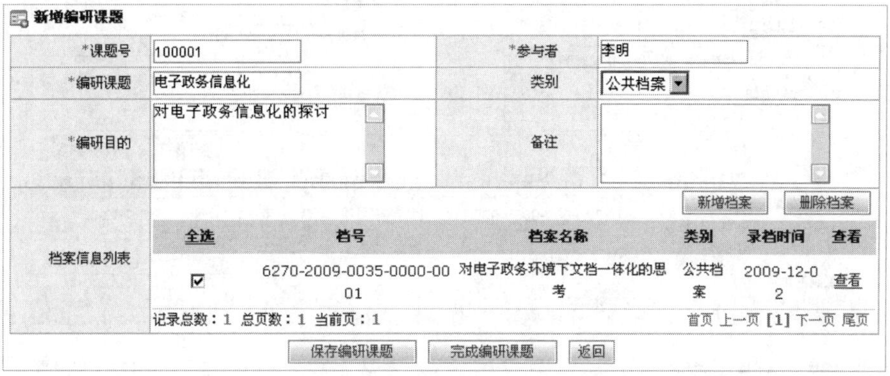

图 2-53 新增编研课题界面

单击"课题正文"下的【新增正文】,如图 2-54 所示。

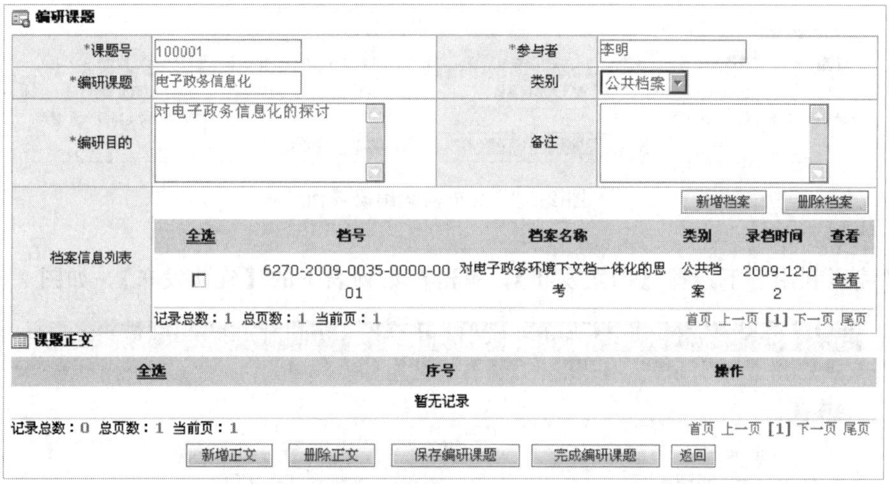

图 2-54 新增正文界面

编辑课题正文,单击【确定保存】,如图 2-55 所示。

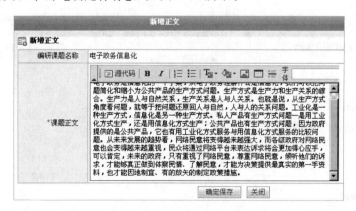

图 2-55 编辑课题正文界面

单击【完成编研课题】,如图 2-56 所示。

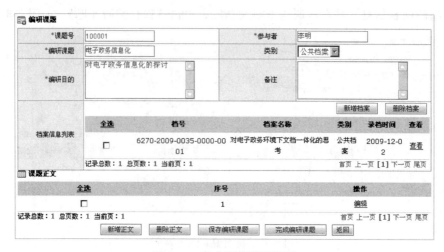

图 2-56　完成编研课题界面

在"档案编研列表"下选择该编研课题,单击【确认发布】,如图 2-57 所示。

图 2-57　发布档案编研界面

(2) 档案发布

在"编研利用"下选择【档案发布】,单击档案列表下的【确认发布】,如图 2-58 所示。

图 2-58　档案发布界面

(3) 档案借阅

切换用户,进入"档案大厅",如图 2-59 所示。

图 2-59　角色选择界面

填写用户注册信息,单击【注册】,如图 2-60 所示。

图 2-60 大厅用户注册界面

接着,以张玲的身份进入档案大厅,如图 2-61 所示。

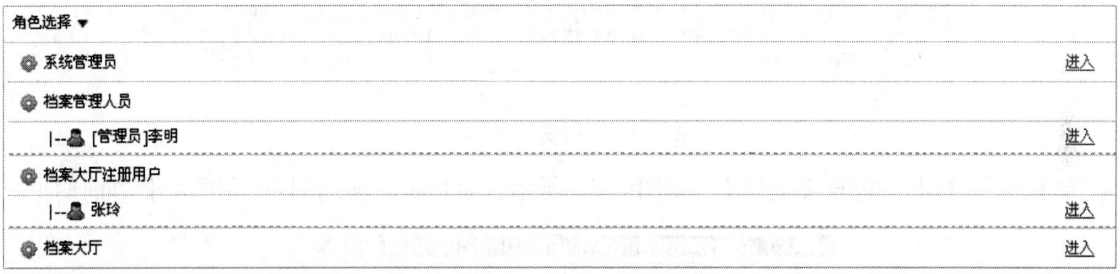

图 2-61 角色选择界面

在首页单击【信息类】,如图 2-62 所示。

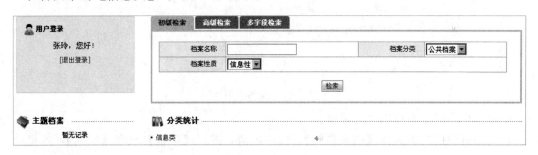

图 2-62 大厅首页界面

查看到该编目下的档案列表,可以进行查看、借阅或者预约。这里,单击【借阅】,如图 2-63 所示。

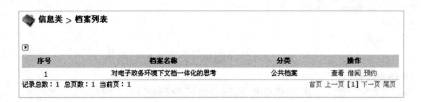

图 2-63 档案借阅界面

单击【借阅】,如图 2-64 所示。

图 2-64 借阅界面

在档案列表后再单击【预约】,如图 2-65 所示。

图 2-65 档案预约界面

选择预约时间,单击【预约】,如图 2-66 所示。(注意,预约时间必须大于当前时间)

图 2-66 预约界面

切换用户,以李明身份登入系统。

在"编研利用"下选择【档案借阅】,选中申请,进行【审批】或者【驳回】,这里单击【审批】,如图 2-67 所示。

图 2-67 档案借阅审批界面

在"借阅历史"中,可以查看借阅信息列表,如图 2-68 所示。

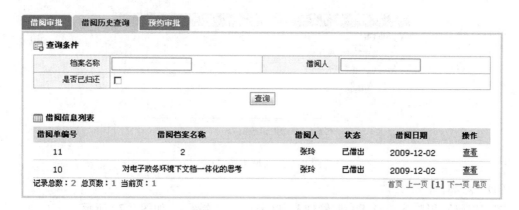

图 2-68　借阅历史查询界面

在"预约审批"下选择预约申请,选择【审批通过】或者【驳回】,这里单击【审批通过】,如图 2-69 所示。

图 2-69　审批通过界面

(4) 主题管理

在"编研利用"下选择【主题管理】,单击【新增主题】,如图 2-70 所示。

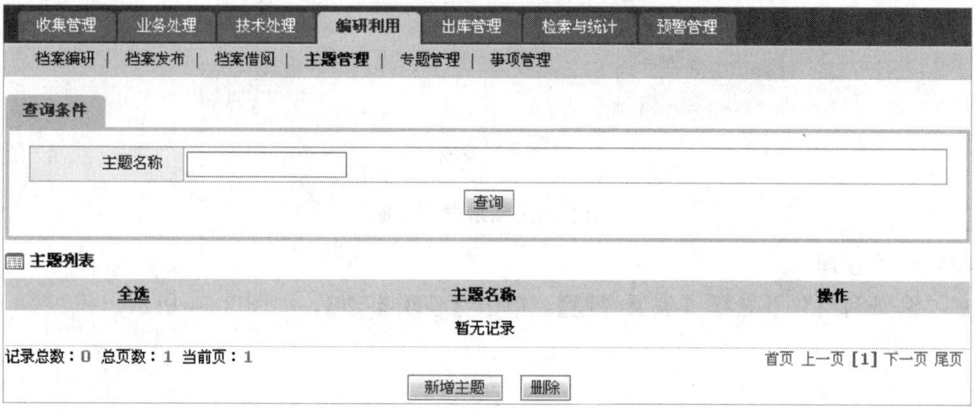

图 2-70　主题管理界面

填写主题信息，单击【确定】，如图 2-71 所示。

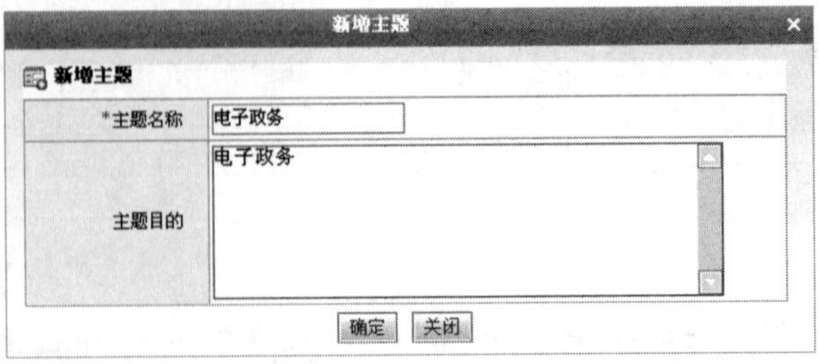

图 2-71　新增主题界面

（5）专题管理

在"编研利用"下选择【专题管理】，单击【新增专题】，如图 2-72 所示。

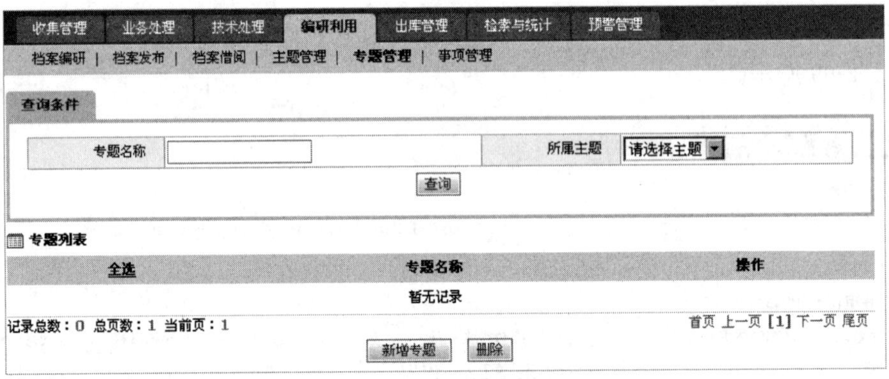

图 2-72　专题管理界面

填写专题信息，单击【确定】，如图 2-73 所示。

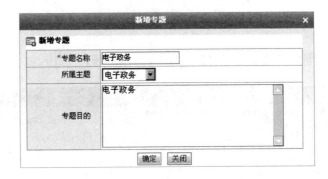

图 2-73　新增专题界面

（6）事项管理

在"编研利用"下选择【事项管理】，单击【新增事项】，如图 2-74 所示。

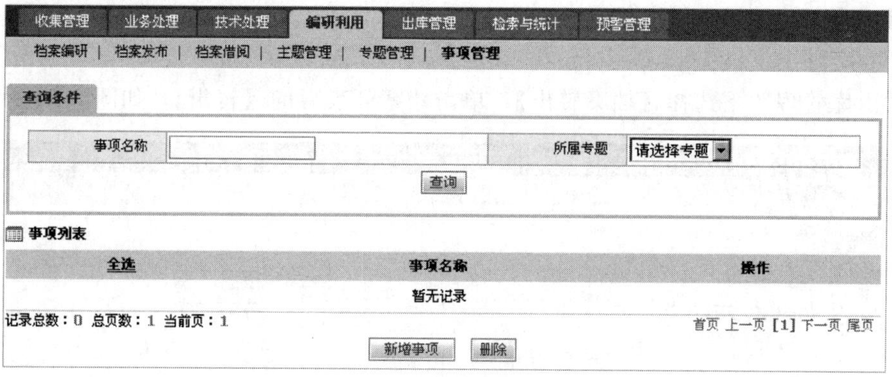

图 2-74 事项管理界面

编辑事项信息,单击【选择档案】,如图 2-75 所示。

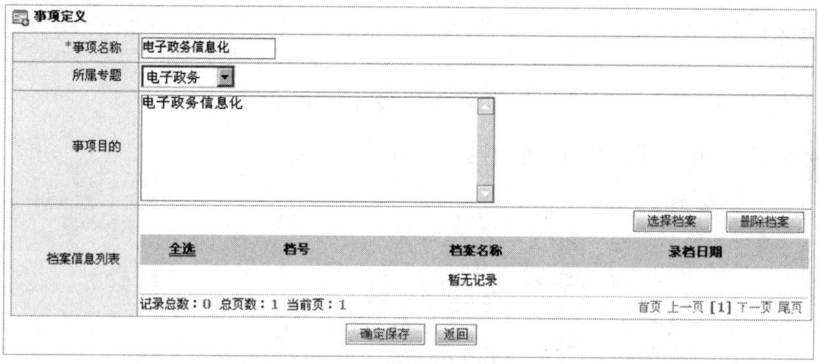

图 2-75 事项定义界面

选中具体档案,单击【选择档案】,如图 2-76 所示。

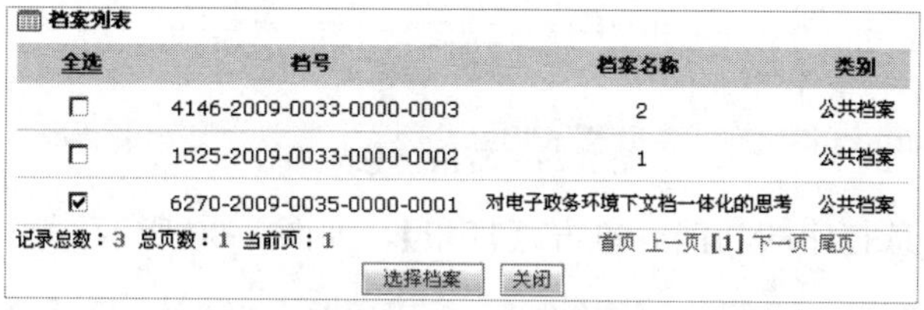

图 2-76 档案选择界面

单击【确定保存】,如图 2-77 所示。

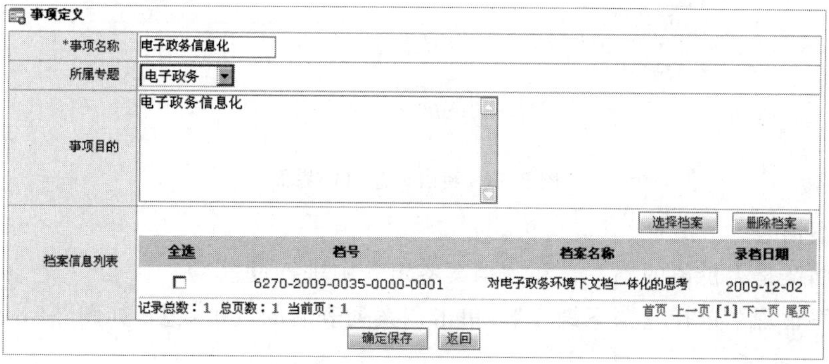

图 2-77 保存事项界面

2. 出库管理

（1）档案转出

在"出库管理"下选择【档案转出】，单击档案列表后的【转出】，如图2-78所示。

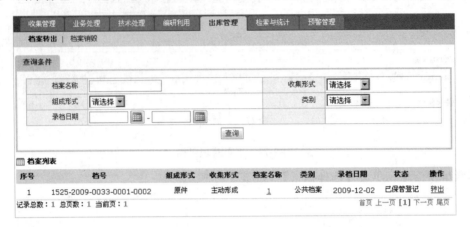

图 2-78　档案转出界面

填写转出信息，单击【确定】，如图2-79所示。

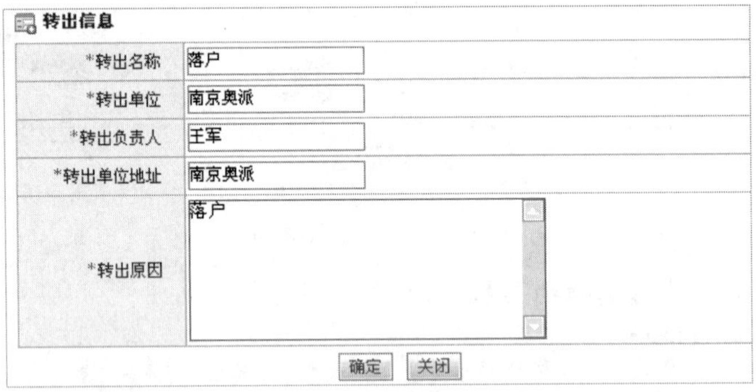

图 2-79　转出信息界面

系统提供转出信息打印的功能，单击【打印】，如图2-80所示。

图 2-80　转出信息打印界面

（2）档案销毁

销毁的档案是无价值的档案，在"档案鉴定"中进行设置。

在"出库管理"选择【档案销毁】，单击档案列表后的【销毁】，如图2-81所示。

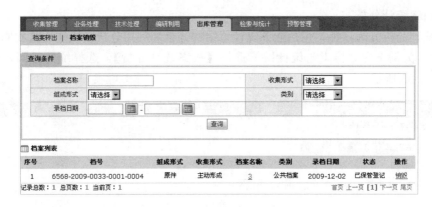

图 2-81　档案销毁界面

填写销毁信息，单击【确定】，如图 2-82 所示。

图 2-82　销毁信息界面

3．档案检索与统计

（1）档案检索

在"检索与统计"下选择【档案检索】，选择查询条件，可以是多重或者是单一的查询条件，单击【查询】，如图 2-83 所示。

图 2-83　档案检索界面

按照图 2-83 所示的查询条件，查询结果如图 2-84 所示。

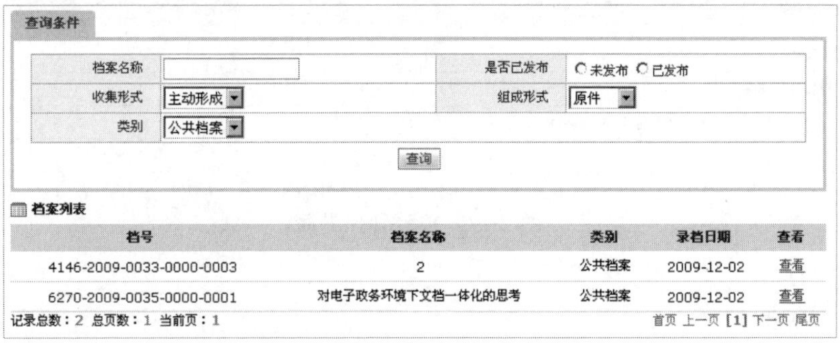

图 2-84　检索结果显示界面

（2）档案统计分析

档案统计分析分为三种，包括业务统计、结构分析和利用分析，操作方式相同。这里以"业务统计"为例。在"检索与统计"下选择【档案统计分析】，选择统计时间，单击【查询】，如图 2-85 所示。

图 2-85　业务统计界面

按照图 2-85 所示的统计条件，查询结果如图 2-86 所示。

业务类型	业务操作数
入库驳回	1
收集提交	5
销毁	1
审核通过	5
审核驳回	1
编目	6
提交入库	5
接收入库	4
保管登记	4
鉴定	4
转出	1

图 2-86　统计结果显示界面

4．预警管理

在"预警管理"下选择【数字化预警】，设置系统档案数量阈值，选择通知方式，单击【确定】，如图 2-87 所示。

图 2-87　预警管理界面

5．档案大厅

（1）全文检索

以张玲的身份进入档案大厅。在大厅首页可以使用三种检索方式进行检索。输入检索条件，单击【检索】即可，如图 2-88 所示。

图 2-88　档案大厅检索界面

（2）借阅管理

在借阅记录中选择一条记录，可以将该档案归还。单击借阅记录后的【归还】，或者单击借阅记录最下方的【归还】均可，如图 2-89 所示。

图 2-89　归还档案界面

（3）统计查询

选择统计条件，单击【统计】，即可出现档案统计结果，如图 2-90 所示。

图 2-90　档案统计查询界面

特别说明：在"档案管理"实验中，包含一些"删除"类的操作，这些操作名称可在【实验进度】中的【未完成】查询，这些操作的方法与本实验中"新增"类实验操作类似，故不再赘述。

实验三

国有资产管理

国有资产管理实验包含了资产登记、资产变更、资产注销、资产领用、资产归还和综合查询等内容,详尽模拟了行政事业单位日常的资产管理工作,这对于将来实现行政事业单位国有资产层次化和集中化管理,简化国有资产管理工作流程,有效提高国有资产管理效率大有益处。学生通过实验能够了解国有资产管理的全过程,掌握国有资产管理的相关知识,为将来从事相关工作奠定基础。

实　验

实验3.1　基础信息维护和资产管理

一、实验目的

1. 初步掌握国有资产管理的相关知识点;
2. 掌握添加部门信息、添加经费来源等信息;
3. 了解国有资产管理系统中资产登记、资产管理等信息。

二、实验内容和步骤

首先在模块选择界面,选择【国有资产管理】,如图3-1所示。

图3-1　模块选择界面

1. 基础信息维护

（1）添加部门信息

单击进入"国有资产管理"界面后，在国有资产管理模块首页单击"资产管理领导"后的【进入】，进入资产管理领导操作界面，如图 3-2 所示。

图 3-2　资产管理领导操作界面

单击导航栏中的【部门信息】，在下方页面"部门信息"后面的方框中输入部门名称，如图 3-3 所示。

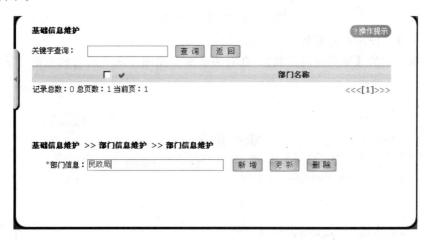

图 3-3　部门信息添加页面

单击【新增】，出现新增信息成功提示框，部门添加成功，如图 3-4 所示。

图 3-4　新增信息成功提示框

（2）添加经费来源信息

单击左边导航栏中的【经费来源信息】，在右边页面"经费来源"后面的方框中输入经费来源信息，如图 3-5 所示。

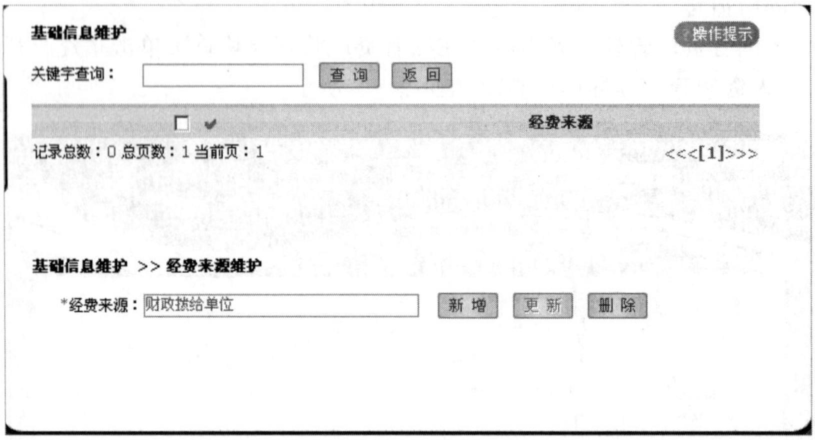

图 3-5 添加经费来源信息

单击【新增】，出现操作成功提示框，如图 3-6 所示。即成功添加一条经费来源信息。以同样的方法添加其他经费来源信息（单位自筹经费购置、接收捐赠和其他）。

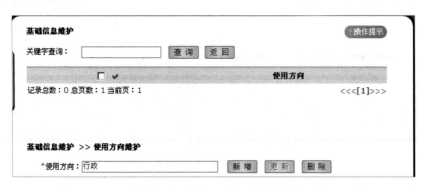

图 3-6 新增信息成功提示框

（3）添加资产使用方向信息

单击导航栏中的【使用方向信息】，在右边页面"使用方向"后面的方框中输入使用方向信息，如图 3-7 所示。

图 3-7 添加资产使用方向页面

单击【新增】，出现操作成功提示框，即成功添加一条资产使用方向信息，如图 3-8 所示。

图 3-8 新增信息成功提示框

以同样的方法添加其他资产使用方向信息（社会服务、生活后勤和其他）。

(4) 添加资产类型信息

单击导航栏中的【资产类型信息】，在右边页面"资产种类"后面的方框中输入资产类型信息，如图 3-9 所示。

图 3-9　资产种类添加页面

单击【新增】，出现操作成功提示框，如图 3-10 所示。即成功添加一条资产类型信息。

图 3-10　资产类型添加成功提示框

以同样的方法添加其他资产类型信息（流动资产、无形资产和其他）。

2. 资产管理

(1) 资产登记

在国有资产管理模块首页单击"工作人员"后的【进入】，进入工作人员操作界面，如图 3-11 所示。

图 3-11　工作人员操作界面

单击导航栏中的【资产登记申请】，在右边页面中输入要登记的资产信息，如图 3-12 所示。

图 3-12　资产登记申请页面

单击【确定】，出现资产登记成功提示框，如图 3-13 所示。即资产登记申请成功。

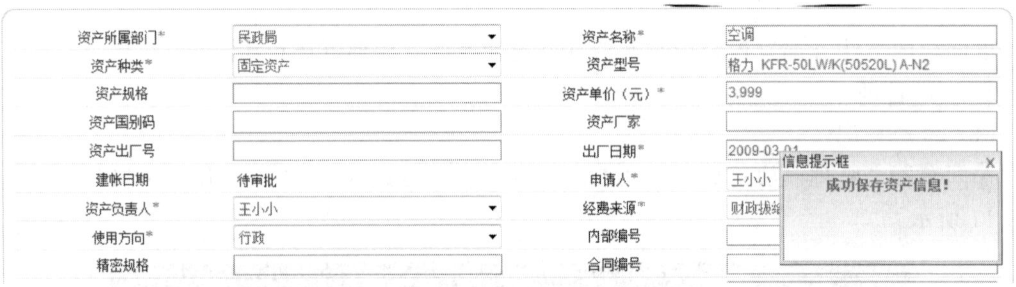

图 3-13　资产登记申请成功页面

资产登记申请以后需要资产管理人员审批。单击页面右下角 切换用户，返回国有资产管理模块首页[①]，单击"资产管理人员"后的【进入】，进入资产管理人员操作界面，如图 3-14 所示。

单击左边导航栏中的【资产登记审批】，可以看到待审批的资产信息列表，如图 3-15 所示。

单击资产名称后的 ，可以看到资产详细信息，如图 3-16 所示。

单击【通过】，则该资产登记通过审批。

[①] 也可以单击导航栏中的【退出】，返回国有资产管理模块首页。需要切换角色操作的都可以使用这两种方法。

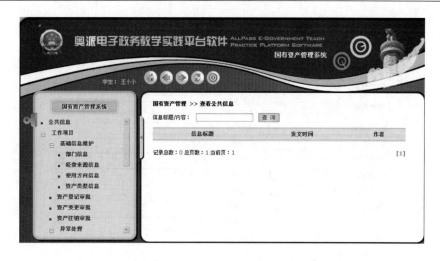

图 3-14　资产管理人员操作界面

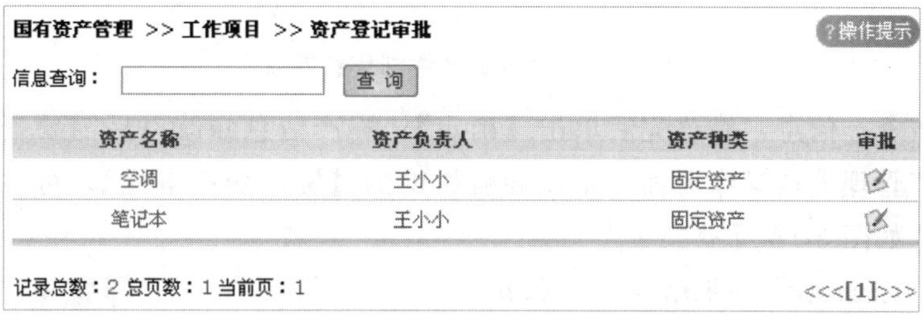

国有资产管理 >> 工作项目 >> 资产登记审批　　?操作提示

信息查询：　查 询

资产名称	资产负责人	资产种类	审批
空调	王小小	固定资产	
笔记本	王小小	固定资产	

记录总数：2 总页数：1 当前页：1　　<<<[1]>>>

图 3-15　待审批的资产信息列表

资产所属部门	民政局	资产名称	空调
资产种类	固定资产	资产型号	格力KFR-50LW/K（50520L）A-N2
资产规格		资产单价（元）	3999 元
资产国别码		资产厂家	
资产出厂号		出厂日期	2009年03月01日
建帐日期	2009年11月25日	申请人	王小小
资产负责人	王小小	经费来源	财政拨给单位
使用方向	行政	内部编号	
精密规格		合同编号	
资产存放地点		国家重点项目	否
审批人员	王小小	联系电话	
备注			

通 过　不通过　返 回

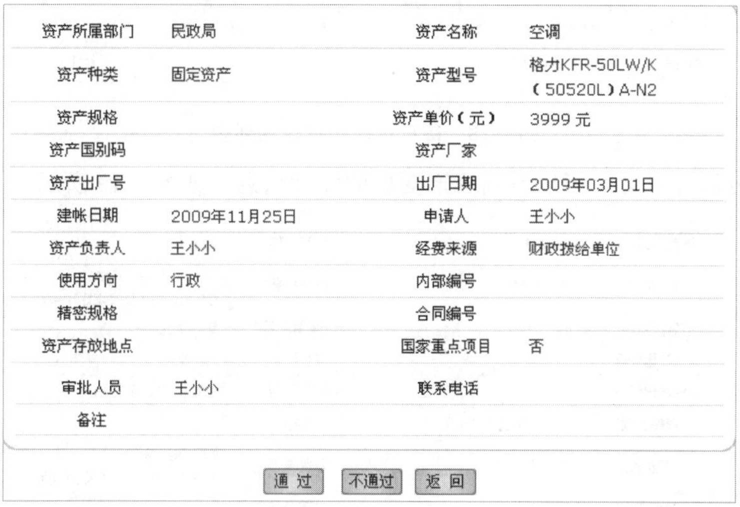

图 3-16　资产详细信息

（2）资产变更

进入工作人员操作界面，单击导航栏中的【资产变更申请】，在右边页面“资产名称”后选择资产名称，可以看到该资产的详细信息，如图 3-17 所示。

图 3-17 显示资产详细信息界面

可以修改该资产信息，修改完后单击【确定】，资产信息修改以后需要资产管理人员的审批。进入资产管理人员操作界面，单击导航栏中的【资产变更审批】，可以看到待审批的资产信息列表，如图 3-18 所示。

图 3-18 待审批的资产信息列表

单击资产名称后的 ，可以看到资产变更的详细信息，如图 3-19 所示。

图 3-19 资产变更的详细信息

单击【通过】,资产变更审批通过。

(3) 资产注销

返回工作人员操作界面,单击导航栏中的【资产注销申请】,在右边页面选择资产名称,可以看到该资产详细信息,如图 3-20 所示。

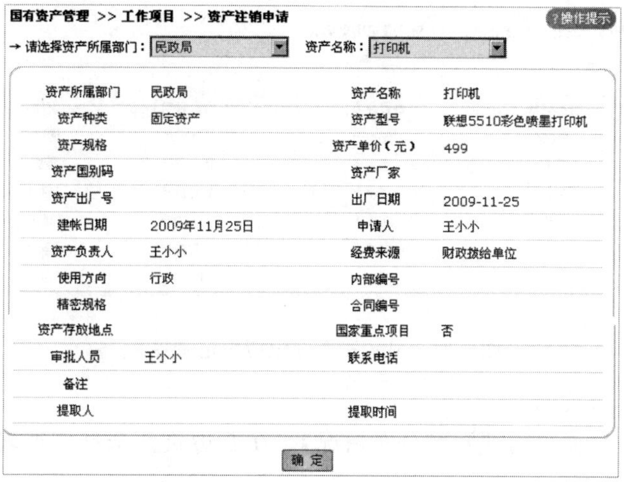

图 3-20 显示资产详细信息界面

单击【确定】,出现操作成功提示框,该资产注销申请提交成功,如图 3-21 所示。

资产注销申请提交后需要资产管理人员审批。进入资产管理人员操作界面,单击导航栏中的【资产注销审批】,可以看到待审批的资产信息列表,如图 3-22 所示。

图 3-21 注销成功提示框

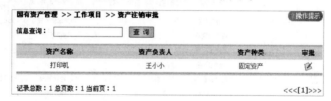

图 3-22 待审批的资产信息列表

单击资产名称后的 可以看到该资产详细信息,如图 3-23 所示。

图 3-23 资产注销审批页面

单击【通过】，资产注销成功。

（4）查看资产登记记录

进入工作人员操作界面，单击导航栏中的【资产登记记录】，可以看到资产登记的历史记录，如图 3-24 所示。

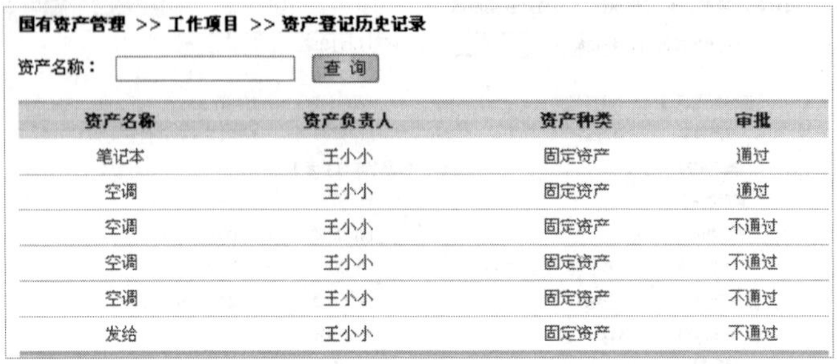
国有资产管理 >> 工作项目 >> 资产登记历史记录

资产名称： 查 询

资产名称	资产负责人	资产种类	审批
笔记本	王小小	固定资产	通过
空调	王小小	固定资产	通过
空调	王小小	固定资产	不通过
空调	王小小	固定资产	不通过
空调	王小小	固定资产	不通过
发给	王小小	固定资产	不通过

图 3-24　显示资产登记历史记录界面

（5）查看资产分布情况

在工作人员操作界面单击【资产分布情况】，在右边页面选择资产名称即可看到资产详细信息，如图 3-25 所示。

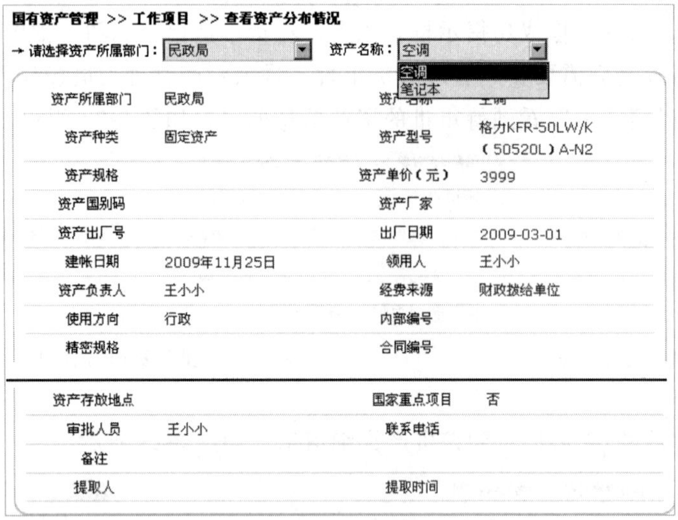

图 3-25　显示资产详细信息界面

实验 3.2　资产领用与归还和资产异常处理

一、实验目的

1. 掌握资产如何领用与归还；
2. 掌握当资产出现异常情况时，异常如何上报、处理及查看。

二、实验内容和步骤

1. 资产领用与归还

（1）资产领用

进入工作人员操作界面，单击导航栏中的【资产领用】，在右边页面选择要领用的资产名称，如图 3-26 所示。

图 3-26 资产领用界面

单击【领用】，系统提示操作成功，如图 3-27 所示。

图 3-27 资产领用成功提示框

（2）资产归还

归还的是已经领用的资产。在工作人员操作界面单击导航栏中的【资产归还】，右边页面显示已出库的资产列表，如图 3-28 所示。

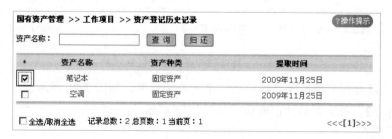

图 3-28 已出库的资产列表

选中要归还的资产，单击【归还】，系统提示操作成功，如图 3-29 所示，该资产重新入库。

图 3-29　资产入库成功提示框

2. 资产异常处理

资产出现异常状况时，资产管理人员将异常状况上报给资产管理领导，资产管理领导对异常进行处理。

（1）异常上报

进入资产管理人员操作界面，单击导航栏中的【异常上报】，在右边页面填写异常信息，如图 3-30 所示。

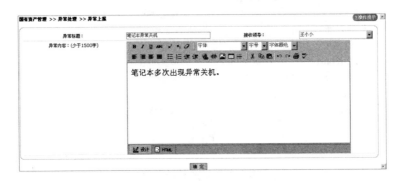

图 3-30　资产异常信息上报界面

单击【确定】，系统提示操作成功，异常信息即提交给资产管理领导。

（2）异常情况处理

进入资产管理领导操作界面，单击【异常情况处理】，可以看到待处理的异常信息，如图 3-31 所示。

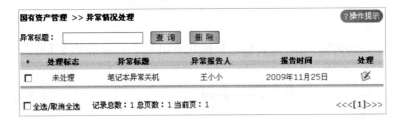

图 3-31　待处理的资产异常信息列表

单击 可以看到异常情况详细信息，输入处理结果，如图 3-32 所示。

单击【保存】，系统提示操作成功，如图 3-33 所示。

（3）异常查看

进入资产管理人员操作界面，单击导航栏中的【处理查看】，可以看到已处理过的异常情况列表，如图 3-34 所示。

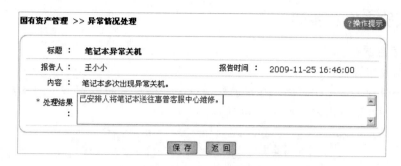

图 3-32 异常情况处理界面

图 3-33 异常情况处理成功提示框

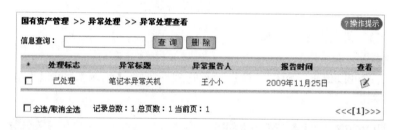

图 3-34 异常处理查看界面

单击 ，查看资产异常情况处理结果，如图 3-35 所示。

图 3-35 查看异常处理结果界面

实验 3.3 公共信息发布和资产综合查询

一、实验目的

1. 掌握如何在导航栏中发布信息，如何对信息进行编辑等；
2. 掌握添加部门信息，添加经费来源等信息的方法；
3. 了解对资产进行综合查询的操作方法。

二、实验内容和步骤

1. 公共信息发布

（1）信息发布管理

进入资产管理人员操作界面，在导航栏中单击"信息发布管理"下的【发布】，在右边页面输入要发布的信息内容，如图 3-36 所示。

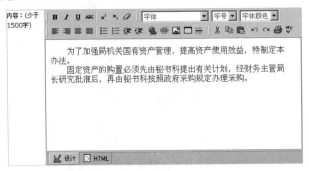

图 3-36　信息发布界面

单击【确定】，信息发布成功[①]。

（2）信息编辑

信息发布后还可以编辑。单击"信息发布管理"下的【编辑】，可以看到发布的信息列表，如图 3-37 所示。

图 3-37　已发布的信息列表

单击信息名后的 ，页面下方显示信息详细内容，如图 3-38 所示。

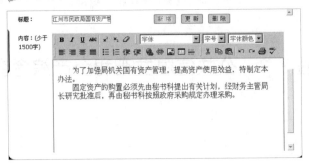

图 3-38　查看详细信息界面

---

① 如果字数过多，信息将不能发布，系统会提示字数不能超过 1500 字。

根据需要修改信息内容，修改完成后单击【更新】，系统提示操作成功，如图3-39所示，即信息编辑成功。

（3）信息查看

进入工作人员操作界面，右边页面显示发布的公共信息列表，如图3-40所示。

图3-39　编辑信息成功提示框　　　　　　　图3-40　已发布的公共信息列表

单击信息标题，即可查看信息的详细内容。

2. 资产综合查询

所有角色用户都能对资产进行综合查询。

（1）资产明细

单击导航栏中的【资产明细】，右边页面显示所有资产信息列表，如图3-41所示。

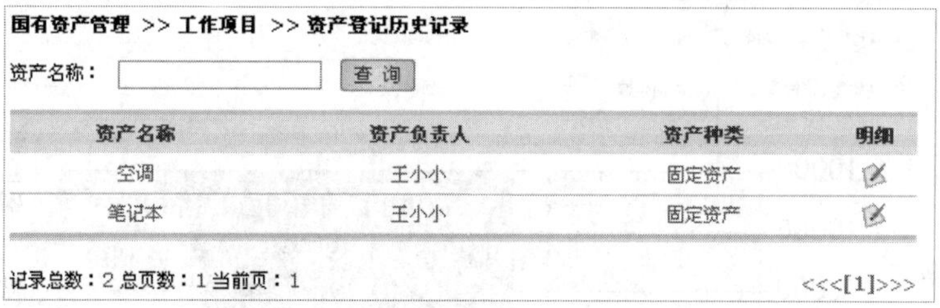

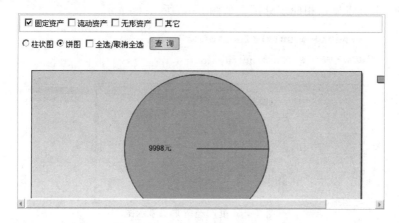

图3-41　显示资产登记历史记录界面

单击资产名称后的，可以看到资产的详细信息。

（2）资产种类

单击导航栏中的【资产种类】，在右边页面选择资产种类和统计图类型后，单击【查询】，将能看到资产相应的统计分析图，如图3-42所示。

图3-42　资产统计分析图

(3) 部门资产

单击导航栏中的【部门资产】,在右边页面选择部门和统计图类型后,单击【查询】,下方将显示相应的统计图,如图 3-43 所示。

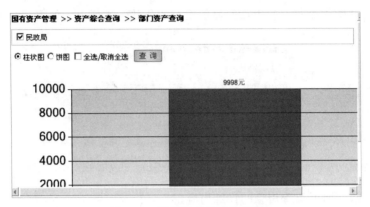

图 3-43 部门资产查询显示图

(4) 资产使用方向

单击导航栏中的【资产使用方向】,选择资产使用方向和统计图类型,下方将显示相应统计图,如图 3-44 所示。

图 3-44 资产使用方向显示图

(5) 资产经费来源

单击导航栏中的【资产经费来源】,在右边页面选择资产经费来源方向和统计图类型,单击【查询】,下方将显示相应统计图,如图 3-45 所示。

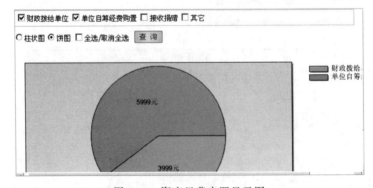

图 3-45 资产经费来源显示图

实验四

政府信息门户

建立政府信息门户网站对于政府电子政务办公举足轻重。学生学习建立政府信息门户网站是重要的实验内容。该实验可以使学生掌握政府信息门户网站建立和使用技巧,了解政务信息发布及服务门户窗口。本实验以江州市人民政府网站为例进行说明。江州市人民政府网站由江州市人民政府主办,主要介绍江州政府以及江州的政治和经济概况等。此外网站还提供了公众信息反馈和网上办事功能。门户网站的建立,不仅有效地提高了江州市政府的办事效率,而且大大提升了政府在公众心目中的形象。

一、实验目的

1. 掌握用户、目录、信息、链接、登录框、意见反馈、调查系统的使用方法;
2. 掌握首页生成的方法。

二、实验内容和步骤

首先在模块选择界面,选择【政府信息门户】,如图4-1所示。

图4-1 模块选择界面

需要进行行政区域注册，如图 4-2 所示。

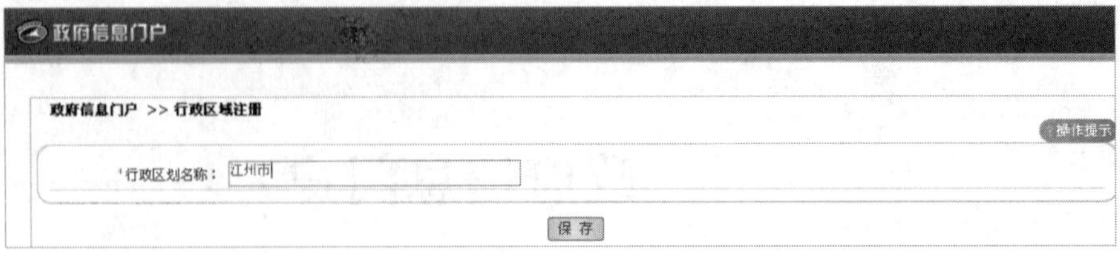

图 4-2　行政区域注册界面

单击【保存】，系统会提示注册成功，进入模块操作首页，如图 4-3 所示。

图 4-3　政府信息门户模块登录首页

单击"政府信息门户"后的【进入】，将能看到江州市人民政府网站首页。由于还未在后台添加内容，所以网站首页还没有内容。单击最高管理员王小小①后的【进入】，进入后台操作界面，如图 4-4 所示。

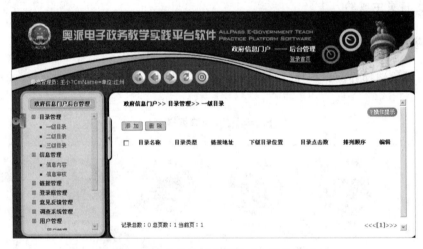

图 4-4　政府信息门户模块后台操作界面

1. 用户管理

单击导航栏中"用户管理"下的【用户管理】，在右边页面可以看到系统默认的用户信息，如图 4-5 所示。

如果需要添加用户，在用户名后面的方框中输入用户名，选中"最高管理员"前复选

---

① 最高管理员为当前实验学生注册时的姓名。

框,则该用户角色即为"最高管理员",否则默认为"普通用户"。单击【保存】,系统会提示操作成功。

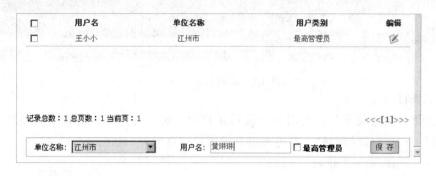

图 4-5 用户管理界面

2. 目录管理

(1) 一级目录

单击右边页面【添加】,添加一级目录内容[①],如图 4-6 所示。

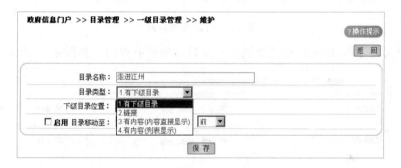

图 4-6 一级目录添加界面

单击【保存】,系统提示操作成功。按照同样的方法继续添加其他一级目录。添加好后单击【返回】,可以看到添加的目录信息列表,如图 4-7 所示。

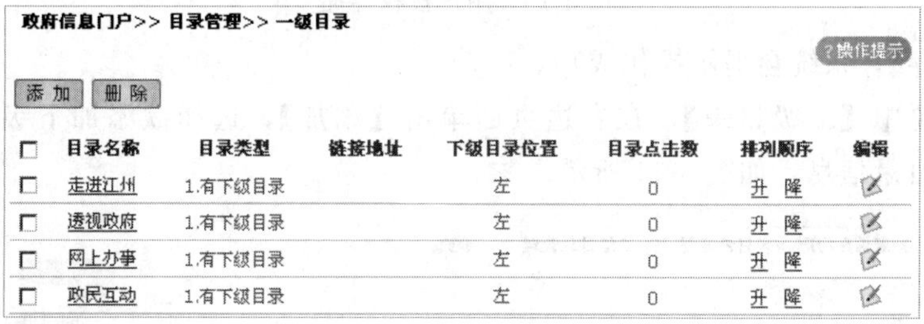

图 4-7 一级目录信息列表

单击目录名后的【升】,则该目录在首页中显示位置将向右退一位;单击【降】,则该目录显示位置向左进一位。设置好目录后单击页面上方【登录首页】[②],查看首页内容,如图 4-8 所示。

---

① 注意目录类型选择,如果选择"有下级目录",则该目录下可以添加下级目录;如果选择"链接",则该目录可以添加链接;如果选择"有内容",则该目录可以添加信息内容。

② 在后台操作时如果想要查看首页内容都可以使用该方法。

图 4-8　添加目录后首页

（2）二级目录

添加二级目录之前需要进行用户一级目录权限分配，否则系统会提示出错信息。单击"用户管理"下的【权限管理】，右边页面显示用户信息列表，如图 4-9 所示。

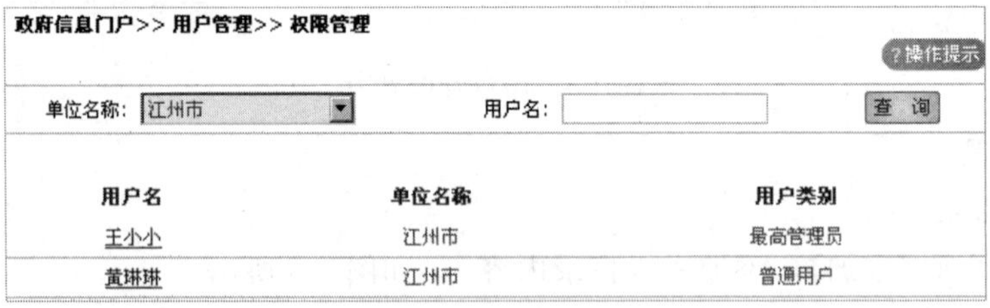

图 4-9　权限管理界面

单击【王小小】[①]，给王小小赋予操作一级目录的所有权限，如图 4-10 所示。

图 4-10　用户授权界面

单击【保存】，系统会提示操作成功。

单击导航栏中【二级目录】，在右边页面单击【添加】，选择欲添加下级目录的一级目录，添加二级目录信息，如图 4-11 所示。

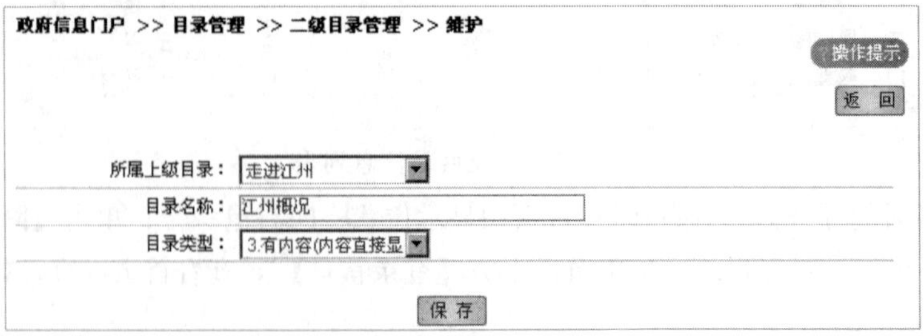

图 4-11　二级目录添加界面

---

①　因为王小小的角色是最高管理员，给他赋予后台操作的所有权限。

单击【保存】,系统会提示操作成功。按照同样的方法添加其他二级目录信息。添加好后单击【权限管理】,给二级目录授权。

(3) 三级目录

如果需要添加三级目录,给用户分配操作二级目录的权限,然后添加三级目录信息,添加步骤与添加二级目录相同,这里不再赘述。

3. 信息管理

(1) 信息内容

给目录类型为"有内容"的目录添加信息内容。单击"信息管理"下的【信息内容】,在右边页面单击【添加】,选择要添加信息内容的目录,添加信息内容,如图 4-12 所示。

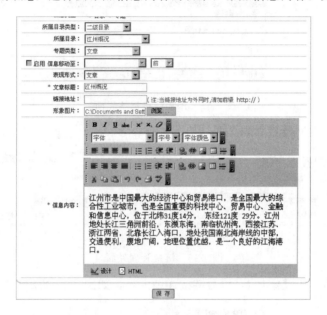

图 4-12 信息内容添加界面

单击【保存】,系统会提示操作成功。信息内容添加后需要审核。

(2) 信息审核

单击导航栏中的【信息审核】,在页面下方选择要审核信息所在的目录,将能看到待审核信息列表,如图 4-13 所示。

图 4-13 信息审核界面

单击【审核通过】,审核状态变为 √ ,审核成功,首页会显示该信息内容,如图 4-14 所示。

4. 链接管理

单击导航栏中的【链接管理】,在右边页面单击【添加】,添加链接标签,如图 4-15 所示。

图 4-14　显示信息内容的登录首页

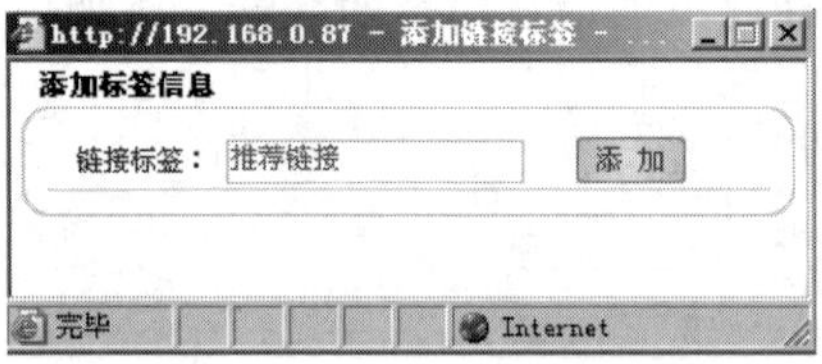

图 4-15　添加链接标签界面

单击【添加】，返回链接管理页面，如图 4-16 所示。

图 4-16　链接管理界面

单击 ，然后单击【添加】，填写链接详细内容，如图 4-17 所示。

图 4-17　添加链接详细内容界面

单击【添加】，系统提示操作成功。

5．登录框管理

单击导航栏中的【登录框管理】，在右边页面单击【添加】，填写登录框信息，如图 4-18 所示。

单击【添加】，系统会提示操作成功。

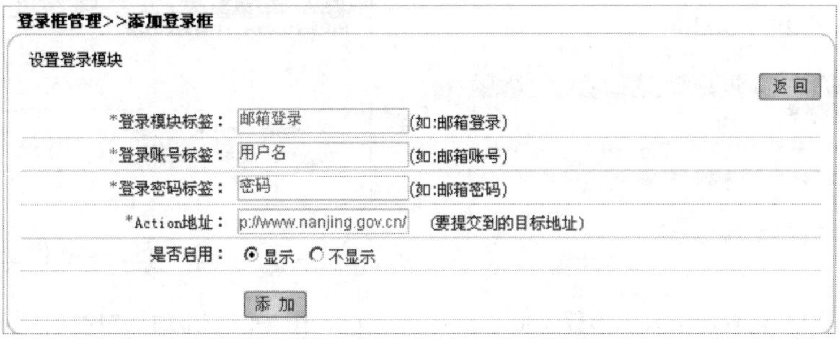

图 4-18 添加登录框界面

6. 意见反馈管理

单击导航栏中的【意见反馈管理】，在右边页面单击【添加】，设置意见反馈参数，如图 4-19 所示。

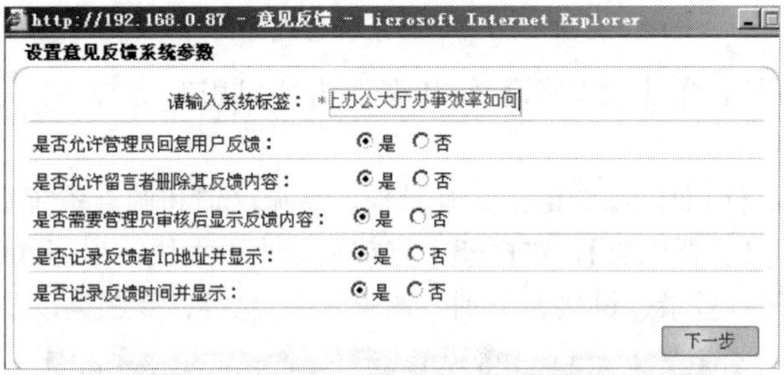

图 4-19 设置意见反馈参数界面

单击【下一步】，添加反馈细项，如图 4-20 所示。

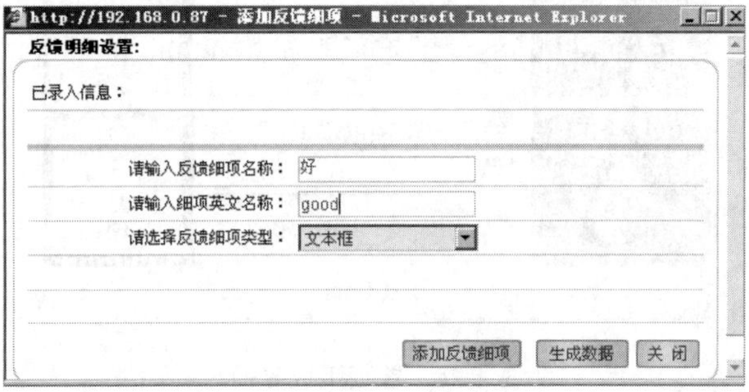

图 4-20 设置反馈明细界面

如果还要继续添加，单击【添加反馈细项】，继续添加反馈细项内容。添加好后单击【关闭】即可。

7. 调查系统管理

单击导航栏中的【调查系统管理】，在右边页面单击【添加】，设置调查系统参数，如图 4-21 所示。

单击【下一步】，添加反馈细项，如图 4-22 所示。

如果还要继续添加，单击【添加反馈细项】，继续添加反馈细项内容。添加好后单击【关闭】即可。返回调查系统管理首页，如图 4-23 所示。

图 4-21　设置调查系统参数界面　　　　图 4-22　添加反馈细项界面

图 4-23　调查系统管理界面

此时状态为"禁用",单击【禁用】使状态变为"启用"。

8. 首页生成

通过首页生成可以将前面添加的链接、登录框、意见反馈和调查系统显示在首页,如图 4-24 所示。单击导航栏中的【首页生成】,右框架中将首页分为六大块:顶部(top)、左侧(登录、链接、类别、调查)、右侧(登录、链接、类别、调查)、信息类、专题类以及尾部(bottom)。

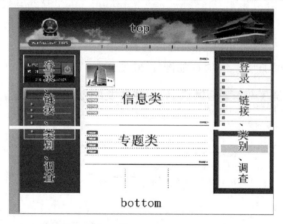

图 4-24　首页生成界面

其中 top 不需要设置,其他板块需要设置显示。

(1) 链接生成

单击右侧页面,选择链接类型为"链接信息",如图 4-25 所示。

图 4-25　选择链接类型

单击【添加】,选择要链接的信息,单击【保存】,待系统提示操作成功后,单击【返回】,可以看到链接显示状态为"禁用",如图 4-26 所示。

图 4-26　添加链接信息界面

单击【禁用】,链接显示状态变为"正常",此时首页左侧显示该链接,如图 4-27 所示。

图 4-27　显示链接的首页

单击链接名称即可链接到该网站。

(2) 登录框

单击右侧页面,选择链接类型为"登录框",单击【添加】,选择要添加的登录框信息,如图 4-28 所示。

图 4-28　添加登录框界面

单击【保存】,系统会提示操作成功。单击【返回】,将登录框状态设置为"正常"。此时在首页右侧能看到登录框,如图 4-29 所示。

图 4-29　添加登录框后首页显示

(3) 调查系统

单击【首页生成】，在出现的页面中选择"调查系统"，单击【添加】，选择要显示的调查名，如图 4-30 所示。

图 4-30　添加调查系统界面

单击【保存】，待系统提示操作成功后单击【返回】，单击调查系统显示状态使之变为"正常"。此时在首页相应位置可以看到调查系统，如图 4-31 所示。

图 4-31　添加调查系统后显示首页

(4) 目录信息

单击【首页生成】，在出现的页面中选择"目录信息"，输入目录标签，选择目录信息，如图 4-32 所示。

图 4-32　添加目录信息界面

单击【提交】，系统会提示操作成功。此时在首页相应位置即可看到一级目录标签，如图 4-33 所示。

图 4-33　添加目录信息后首页显示

（5）信息类①

单击【首页生成】，在出现的页面中选择【信息类】，再在出现的页面中单击【添加】，添加信息标签，如图 4-34 所示。

图 4-34　信息添加界面

单击【提交】，系统会提示操作成功。在首页单击 MORE▶，如图 4-35 所示，即可看到信息详细内容。

图 4-35　显示信息内容首页

（6）专题

单击【首页生成】，在出现的页面中选择【专题类】，再在出现的页面中单击【添加】，

---

① 信息类内容添加只能添加到二、三级目录类型为"有内容（列表显示）"的目录下。

如图 4-36 所示。

图 4-36 专题添加界面

单击【提交】，系统会提示操作成功。在首页单击 MORE▶，如图 4-37 所示，即可看到专题详细内容。

图 4-37 显示专题首页

9. 访问统计管理

（1）访问统计

单击"访问统计管理"下的【访问统计】，右边页面可以看到如图 4-38 所示页面。

图 4-38 访问统计界面

单击统计种类即可看到相应的统计信息。

（2）栏目信息统计

单击"访问统计管理"下的【栏目信息统计】，右边页面显示各目录"点击数据"信息，如图 4-39 所示。

图 4-39 栏目信息统计界面

公文传输平台

公文传输实验主要完成公文、会议通知和资料下发、公文上报、平级单位间公文交换等任务。此项工作适用于党政机关、行政职能部门、企事业单位及大专院校的公文传输管理系统,实际中可以有效地解决办公难题。通过此项实验,使得学生能够初步掌握公文传输平台的相关知识点;了解完成公文传输平台所涉及的角色以及各角色所涉及的功能;了解公文传输平台中的流程。

一、实验目的

1. 初步掌握公文传输平台的相关知识点;
2. 了解完成公文传输平台所涉及的角色以及各角色所涉及的功能;
3. 了解公文传输平台中的流程。

二、实验内容和步骤

1. 用户管理

首先在模块选择界面,选择【公文传输平台】,如图 5-1 所示。

图 5-1 模块选择界面

(1) 添加群组

以管理员身份进入系统，如图 5-2 所示。

图 5-2　角色选择界面

在"后台管理—用户管理"下选择【群组管理】，单击【添加】，如图 5-3 所示。

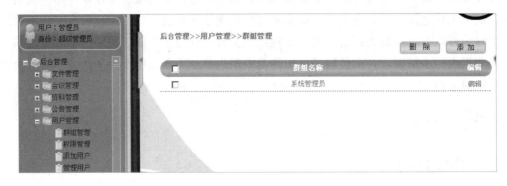

图 5-3　群组管理界面

输入群组的序号以及名称，单击【提交】，如图 5-4 所示。

图 5-4　群组管理界面

(2) 添加用户

在"后台管理—用户管理"下选择【添加用户】，输入用户信息，单击【提交】，如图 5-5 所示。

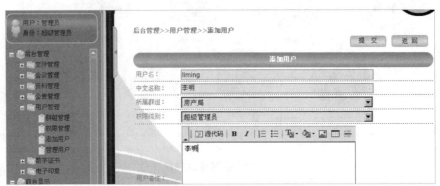

图 5-5　添加用户界面

在"后台管理—用户管理"下选择【管理用户】，可以编辑用户信息，或者添加、删除用户，如图 5-6 所示。

图 5-6　用户管理界面

2. 数字证书及电子印章

（1）证书申请

在"后台管理—数字证书"下选择【证书申请】，填写申请者的申请资料，单击【申请】，如图 5-7 所示。

图 5-7　数字证书申请界面

单击【Web 浏览器证书】，如图 5-8 所示。

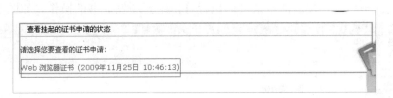

图 5-8　查看证书申请状态界面

可以在此界面将证书挂起申请删除。在这里，根据提示，进入 CA 认证平台，如图 5-9 所示。

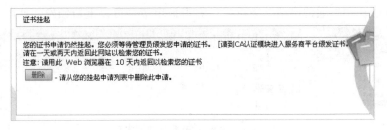

图 5-9　证书申请状态界面

切换用户，进入 CA 认证平台，如图 5-10 所示。

图 5-10　角色选择界面

在"挂起的申请"下可以看见刚才的申请，右击该申请，单击【颁发】，如图 5-11 所示。

图 5-11　颁发证书界面

切换用户，以系统管理员进入。

在"后台管理—数字证书"下选择【证书申请的状态】，能够看到证书已颁发，并可以进行下载，如图 5-12 所示。

图 5-12　已颁发证书下载界面

在 CA 认证平台中，挂起的申请可以执行【拒绝】颁发证书的操作，如图 5-13 所示。

图 5-13　拒绝申请界面

拒绝的申请在"失败的申请"下可见，右击该申请，可以重新颁发，如图 5-14 所示。

图 5-14　失败申请重新颁发界面

颁发的证书也可以执行【吊销证书】的操作，如图 5-15 所示。

图 5-15　吊销证书界面

选择吊销原因，单击【是】，可以将证书吊销，如图 5-16 所示。

图 5-16　选择吊销原因界面

同样地，吊销的证书在"证书待定"的情况下也可以解除，在右侧被吊销的证书上右击选择【解除吊销证书】，如图 5-17 所示。

图 5-17　解除吊销证书界面

在这里需注意，只有因为"证书待定"而吊销的证书才能取消吊销，如图 5-18 所示。

图 5-18　取消吊销失败界面

（2）设计电子印章

在"后台管理—电子印章"下选择【设计电子印章】。输入电子印章的名称和印章的使用单位，单击【预览】，可以看到该印章的预览效果，确认后单击【保存】，如图 5-19 所示。

图 5-19　印章设计界面

(3) 电子印章管理

切换用户，单击"CA 服务商"后的【进入】，如图 5-20 所示。

图 5-20 角色选择界面

在"后台管理—电子印章"下选择【电子印章管理】，单击【绑定证书】，如图 5-21 所示。

图 5-21 绑定证书界面

选择证书，单击【绑定】，如图 5-22 所示。

图 5-22 选择证书绑定界面

3. 基础信息添加与发布

(1) 文件管理

在"后台管理—文件管理"下选择【文件类型】，单击【添加】，如图 5-23 所示。

输入文件的类型及简介，单击【提交】，如图 5-24 所示。

在"后台管理—文件管理"下选择【发布文件】；选择接收单位，单击【自定义选择】，如图 5-25 所示。

图 5-23　文件类型管理界面

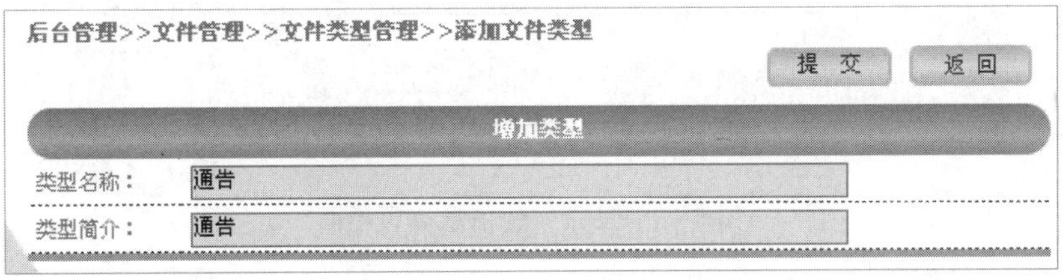

图 5-24　添加文件类型界面

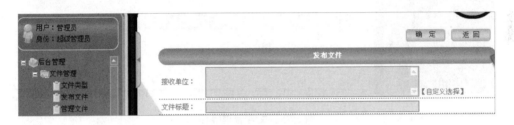

图 5-25　发布文件界面

选择部门和用户，单击【确定】，如图 5-26 所示。

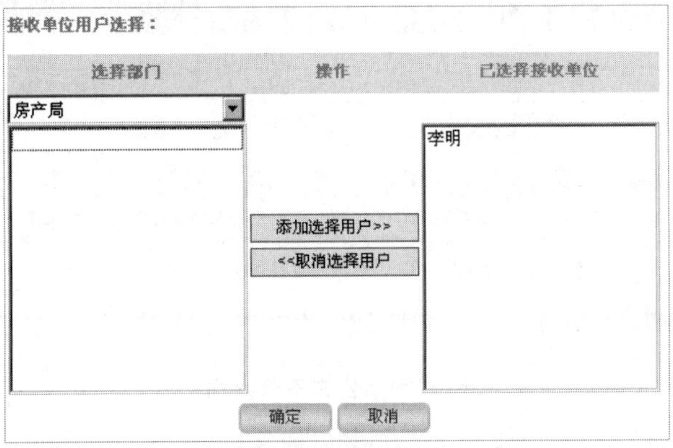

图 5-26　选择接收单位用户界面

填写文件信息，上传文件，单击【确定】，如图 5-27 所示。

在"后台管理—文件管理"下选择【管理文件】。可以查看到文件的签收状态，将公文提交、存档，或者进行再编辑。单击【提交】，如图 5-28 所示。可以查看到公文签收的界面。单击【盖章】，如图 5-29 所示。

选择印章，单击【确定】。印章可以拖拽到合适的位置，如图 5-30 所示。

单击【签字】，在写字板上签字，然后单击【保存】。签字也可以进行拖拽，如图 5-31 所示。

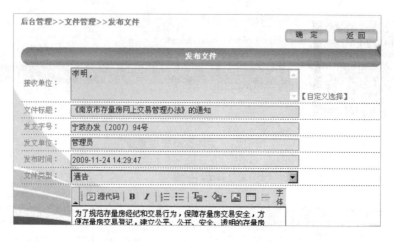

图 5-27　发布文件信息填写界面

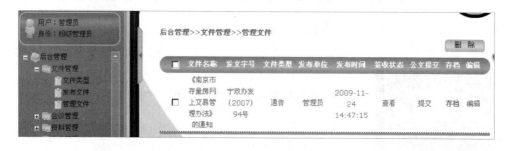

图 5-28　文件管理界面

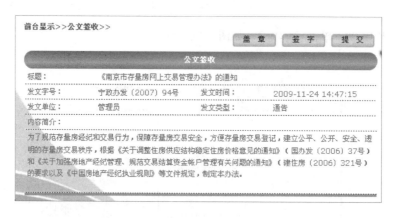

图 5-29　公文签收界面

图 5-30　公文盖章界面

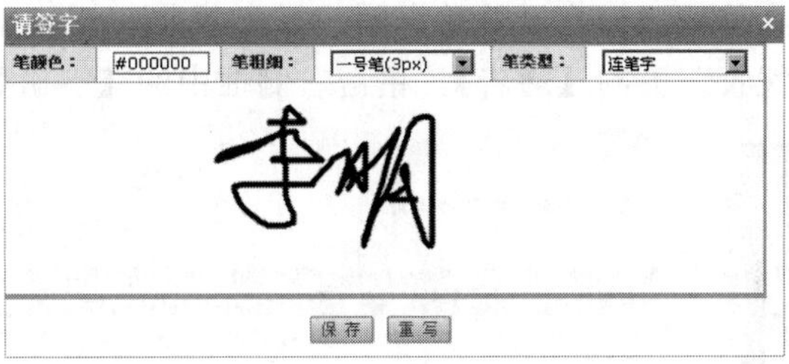

图 5-31 公文签字界面

盖章签字之后，单击【提交】，如图 5-32 所示。

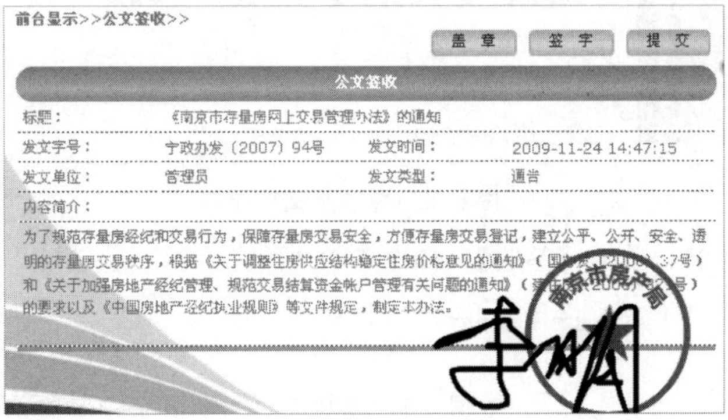

图 5-32 公文提交界面

提交成功之后，单击【存档】，如图 5-33 所示。

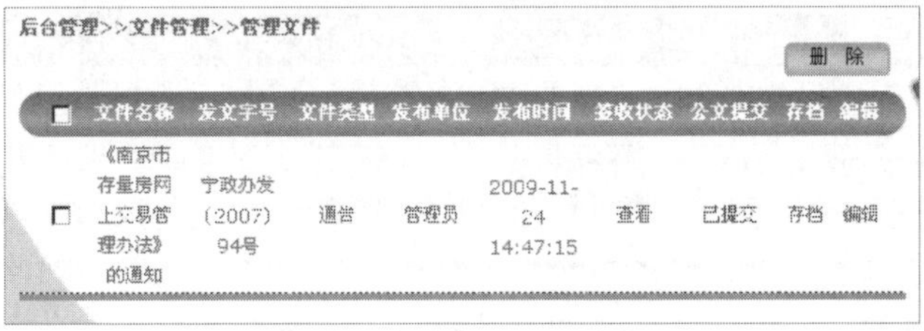

图 5-33 公文存档界面

输入文件的存档信息，单击【确定】，如图 5-34 所示。①

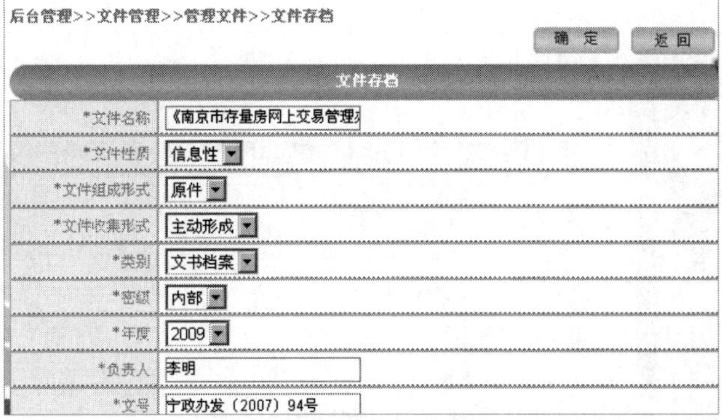

图 5-34 填写存档信息界面

---

① 这里的文件性质、文件组成形式、文件收集形式、类别以及密级，是在"档案管理"模块中设置的。另外，这里上传文件的类型，必须是 Word 文档。

文件提交之后，接收单位（在这里就是李明）需要签收。切换用户，进入李明的账户。选择"前台显示—公文签收"下的【通告】，单击右侧框中的【点击签收】，如图 5-35 所示。

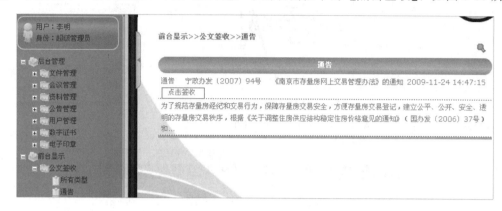

图 5-35　签收公文界面

输入签收人的姓名，单击【签收】，如图 5-36 所示。

图 5-36　签收界面

已签收的通告，在通告内容中有显示，如图 5-37 所示。

图 5-37　已签收显示界面

（2）会议管理

在"后台管理—会议管理"下选择【发布会议通知】，填写会议通知内容，单击【确定】，如图 5-38 所示。

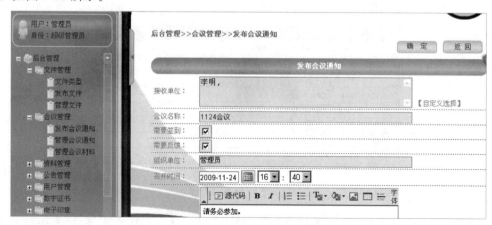

图 5-38　发布会议通知界面

在"后台管理—会议管理"下选择【管理会议通知】,单击【提交】,如图5-39所示。

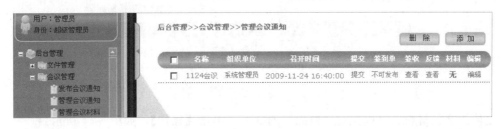

图5-39 管理会议通知界面

在会议通知上盖章、签字,单击【提交】,如图5-40所示。

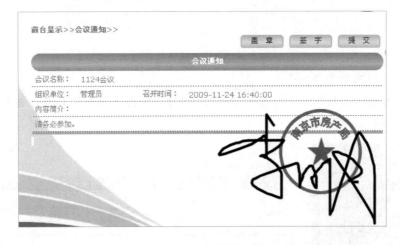

图5-40 提交会议通知界面

会议通知提交后,进行签到单的发布,单击【发布】,如图5-41所示。

图5-41 发布签到单界面

在"后台管理—会议管理"下选择【管理会议材料】,单击【发布】,进行会议材料的发布,如图5-42所示。

图5-42 发布材料界面

上传会议材料,单击【提交】,如图5-43所示。

图 5-43 提交会议材料界面

上传的会议材料，可以执行"删除"的操作，单击【操作】，如图 5-44 所示。

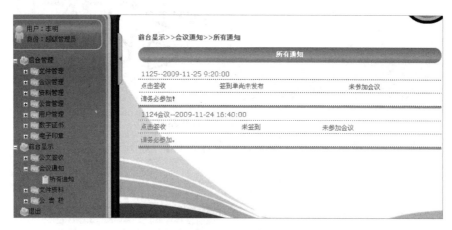

图 5-44 管理会议材料界面

切换用户，以李明的身份进入。

在"前台显示—会议通知"下选择【所有通知】，单击【未签到】进行签到，如图 5-45 所示。

图 5-45 会议签到界面

单击【我要反馈】，可以反馈意见或者建议，如图 5-46 所示。

图 5-46 反馈界面

输入反馈内容，单击【反馈】，如图 5-47 所示。

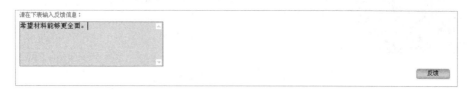

图 5-47 填写反馈信息界面

(3) 资料管理

在"后台管理—资料管理"下选择【资料类型】，单击【添加】，如图 5-48 所示。

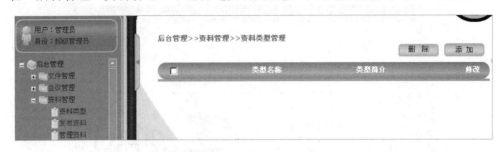

图 5-48　资料类型管理界面

填写资料的类型及简介，单击【提交】，如图 5-49 所示。

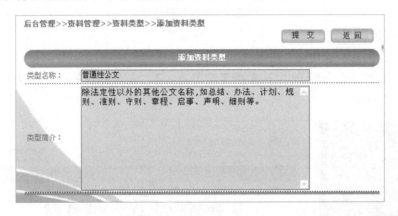

图 5-49　添加资料类型界面

在"后台管理—资料管理"下选择【发布资料】，填写资料的详细内容，单击【确定】，如图 5-50 所示。

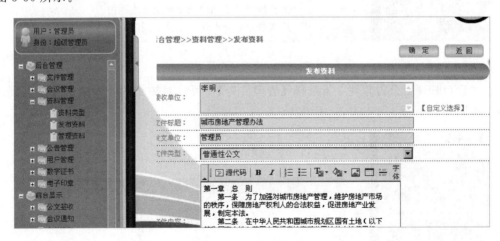

图 5-50　发布资料界面

对该资料进行盖章签字，单击【提交】，如图 5-51 所示。

图 5-51 提交资料界面

(4) 公告管理

切换用户,以系统管理员身份进入。

在"后台管理—公告管理"下选择【发布公告】。输入公告的标题及内容,单击【提交】,如图 5-52 所示。

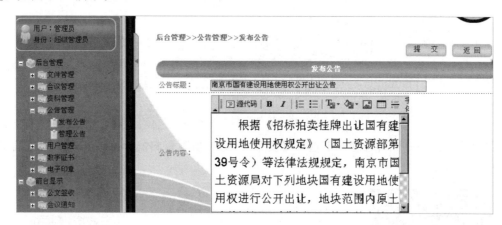

图 5-52 发布公告界面

在"后台管理—公告管理"下选择【管理公告】,可以对提交的公告单击【编辑】进行修改,如图 5-53 所示。

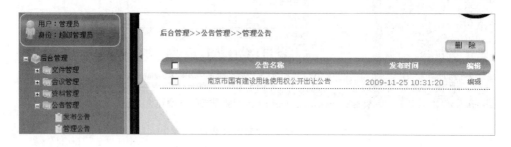

图 5-53 管理公告界面

切换用户,以李明的身份进入。在首页或者"前台显示—公告栏"中可以查看。

实验六

招标采购平台

实验背景

招标采购平台可以让学生系统地掌握成功采购的策略与管理供应商的方法,以及制定采购计划和预算、采购招标、采购认证、降低采购成本、采购审核、供应商开发、控制及管理等方面的知识。并将从中了解到采购活动运作的相关知识,如何逐步加强对供应商和采购活动的管理,如何切实降低企事业单位的采购成本等内容。此外,通过此项实验,学生可以了解真正意义上的招标、投标和评标电子化,以及所涉及的招投标、评标过程中的环节、招投标过程和评标过程的自动化过程。

实 验

一、实验目的

1. 掌握招投标管理机构对供应商、采购商和评标专家的审核、管理方法,以及对每一个招投标项目的跟踪管理;
2. 了解企业如何制定及提交采购项目;
3. 掌握供应商如何申请投标,如何填写标书及提交,并对招标过程和结果提出合理质疑;
4. 掌握评标专家如何对采购项目进行评标。

二、实验内容和步骤

首先在模块选择界面单击【招标采购平台】,如图 6-1 所示。

图 6-1　模块选择界面

1. 注册账号，填写基本信息

（1）注册政府信息

单击【政府信息注册】，进行政府信息的注册，如图 6-2 所示。

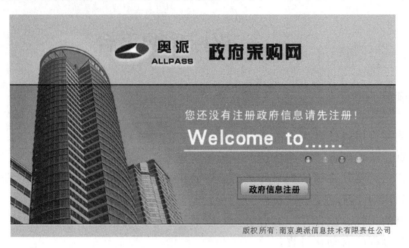

图 6-2　政府信息注册界面

填写政府信息，单击【提交】，如图 6-3 所示。

政府信息

政府名称：	南京市政府采购中心
政府地址：	北京西路2-1号
联系电话：	025-93279820 (xxx-xxxxxxx)
传　真：	025-93279820
Email：	wangjiuzhou@163.com
网　址：	http://njzc.gov.cn/
联 系 人：	王九洲

提交　返回

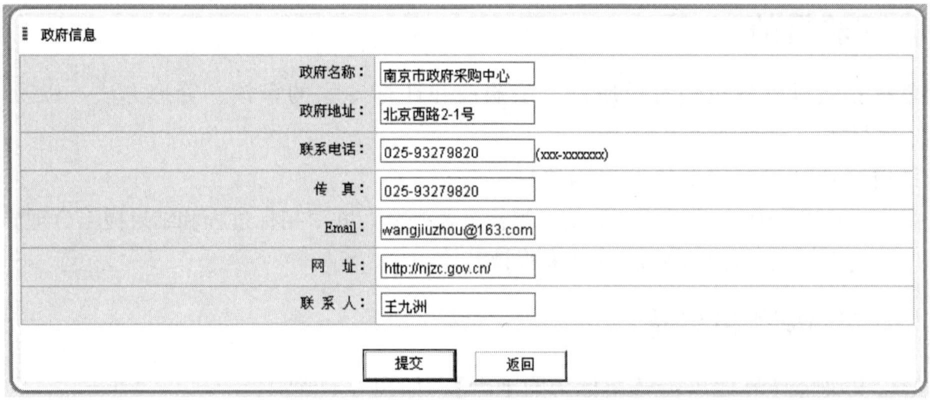

图 6-3　政府信息填写界面

（2）采购公司注册

这里要注册一家采购公司——南京大学，单击“注册采购公司”后的【注册】，如图 6-4 所示。

角色选择

招投标管理后台				
南京市政府采购中心	025-93279820	王九洲	北京西路2-1号	进入
注册采购公司				注册
采购公司				

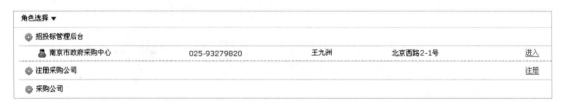

图 6-4　采购公司注册界面

填写采购公司信息，单击【提交】，如图 6-5 所示。

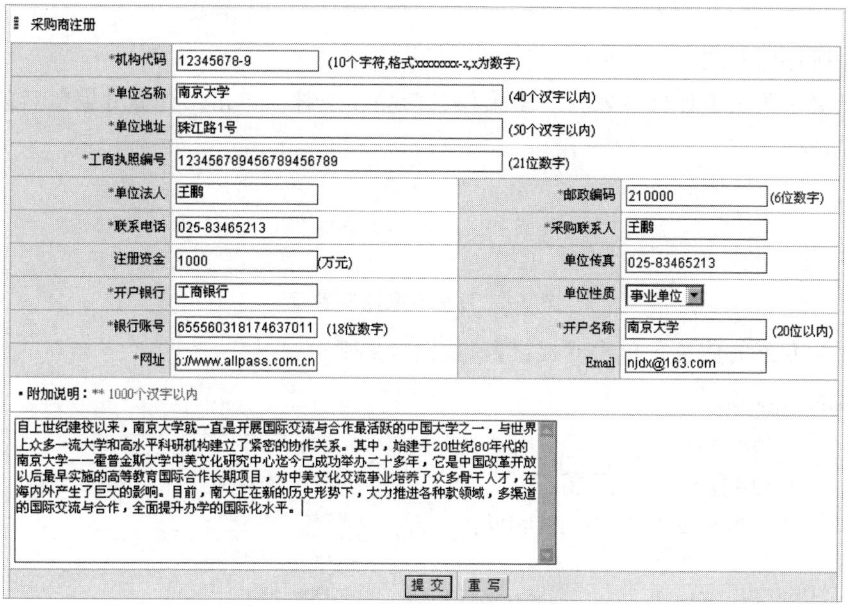

图 6-5 采购商信息填写界面

（3）供应公司注册

在这里要注册三家供应公司——南京奥派科技、南京舜天科技以及北京众网科技。单击"注册供应公司"后的【注册】，如图 6-6 所示。

图 6-6 供应公司注册界面

填写供应公司南京奥派科技的信息，单击【提交】，如图 6-7 所示。

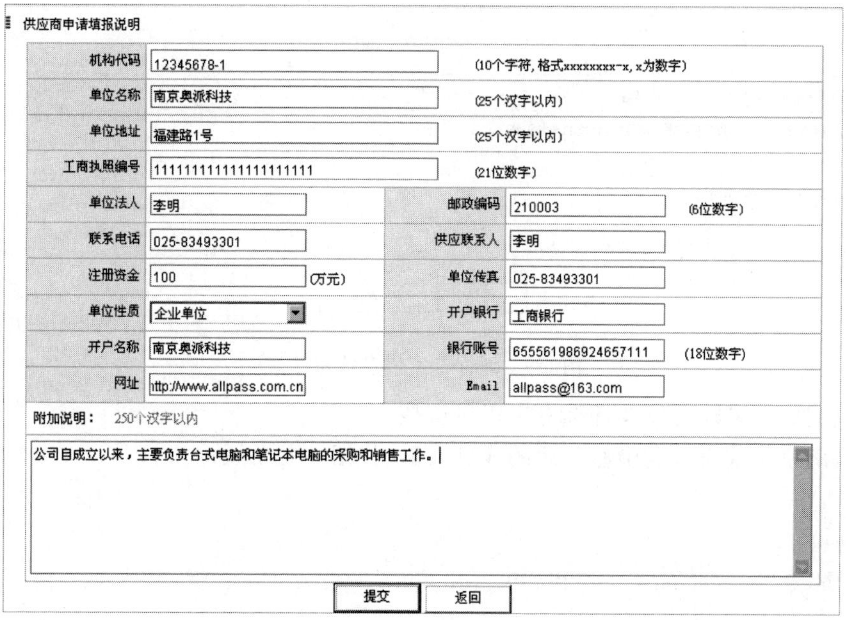

图 6-7 供应商信息填写界面

按照这样的步骤填写南京舜天科技以及北京众网科技的注册信息，具体数据请读者自行编写。

（4）注册评标专家

在这里要注册三位评标专家——李大伟、彭亮、王林。单击"评标专家"后的【注册】，如图6-8所示。

图6-8 评标专家注册界面

填写评标专家的信息，单击【提交】，如图6-9所示。

图6-9 评标专家信息填写界面

（5）供应商、采购商以及评标专家资格审核

单击"南京市政府采购中心"后的【进入】，如图6-10所示。

图6-10 角色选择界面

选择"供应商管理"下的【资格审核】,能够看到供应商资格审核列表,单击具体条目前的【审核】,如图 6-11 所示。

图 6-11 供应商资格审核界面

审核该企业,选择"批准",单击【确定】,如图 6-12 所示。

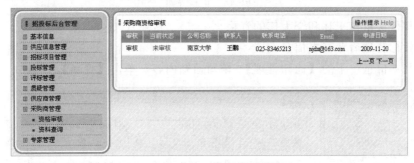

图 6-12 审核界面

按照该方法,依次审核北京众网科技和南京舜天科技。

选择"采购商管理"下的【资格审核】,单击列表前的【审核】,如图 6-13 所示。

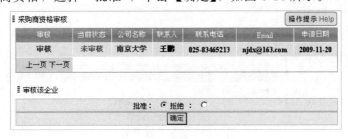

图 6-13 采购商资格审核界面

审核该采购商资格,选择"批准",单击【确定】,如图 6-14 所示。

图 6-14 审核界面

选择"专家管理"下的【资格审核】,能够看到专家资格审核列表,单击具体条目前的【审核】,如图 6-15 所示。

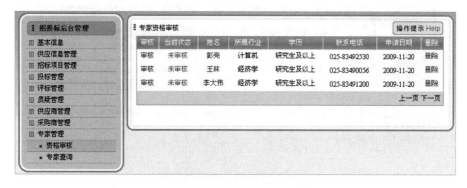

图 6-15 专家资格审核界面

审核该专家资格,选择"批准",单击【确定】,如图 6-16 所示。

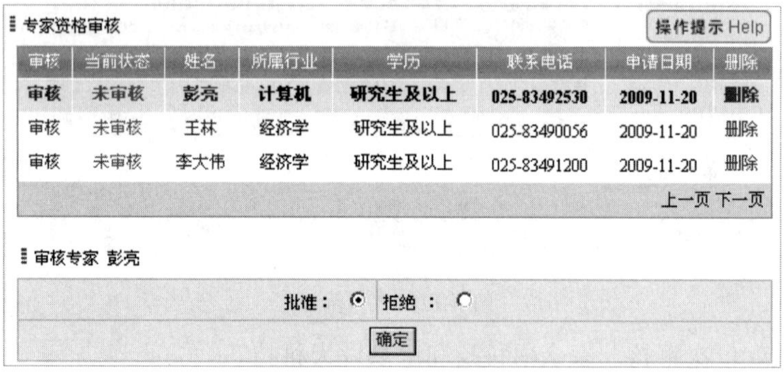

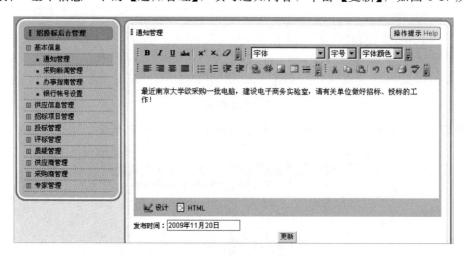

图 6-16 审核界面

按此步骤依次审核王林和李大伟的资格。

(6) 招投标管理后台基本信息设置

选择"基本信息"下的【通知管理】,填写通知内容,单击【更新】,如图 6-17 所示。

图 6-17 通知管理界面

选择"基本信息"下的【采购新闻管理】，单击【新增】，如图 6-18 所示。

图 6-18　采购新闻管理界面

填写采购新闻，单击【保存】，如图 6-19 所示。

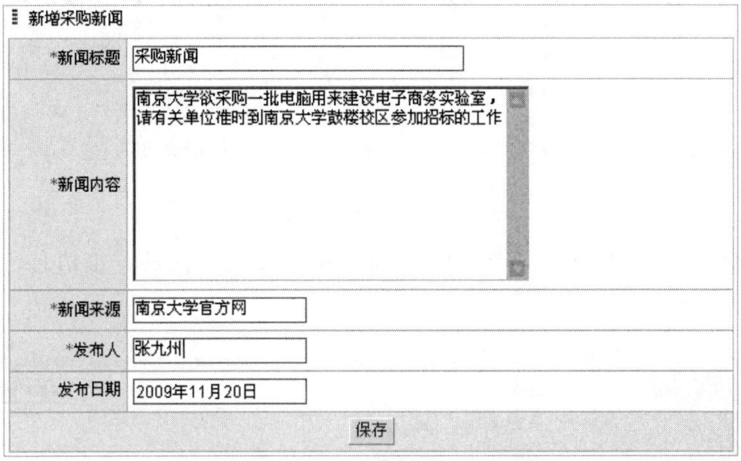

图 6-19　新增采购新闻界面

选择"基本信息"下的【办事指南管理】。填写办事指南的标题及内容，单击【新增】，如图 6-20 所示。

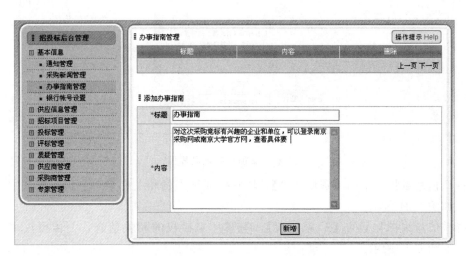

图 6-20　办事指南管理界面

选择"基本信息"下的【银行账号设置】，设置银行账号，在银行账号可用的情况下，单击【保存】，如图 6-21 所示。

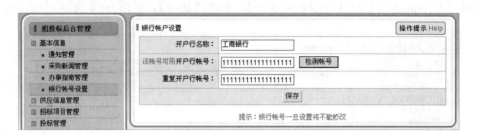

图 6-21 银行账号设置界面

（7）供应公司基本信息设置

这里有三家供应公司，首先选择南京奥派科技，单击其后的【进入】，如图 6-22 所示。

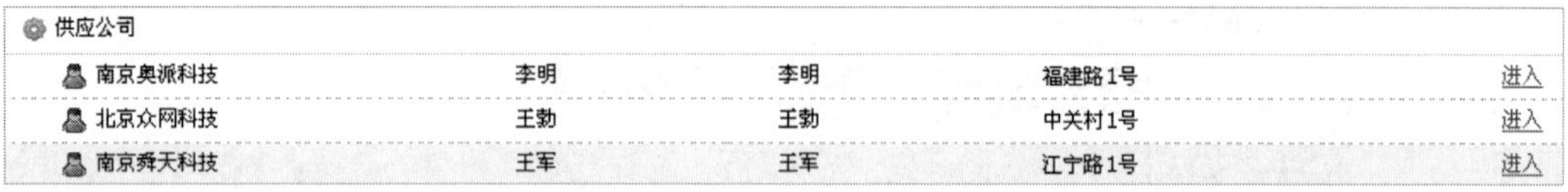

图 6-22 进入供应公司界面

选择"信息维护"下的【供应产品】，添加产品，填写产品的详细信息，单击【保存】，如图 6-23 所示。

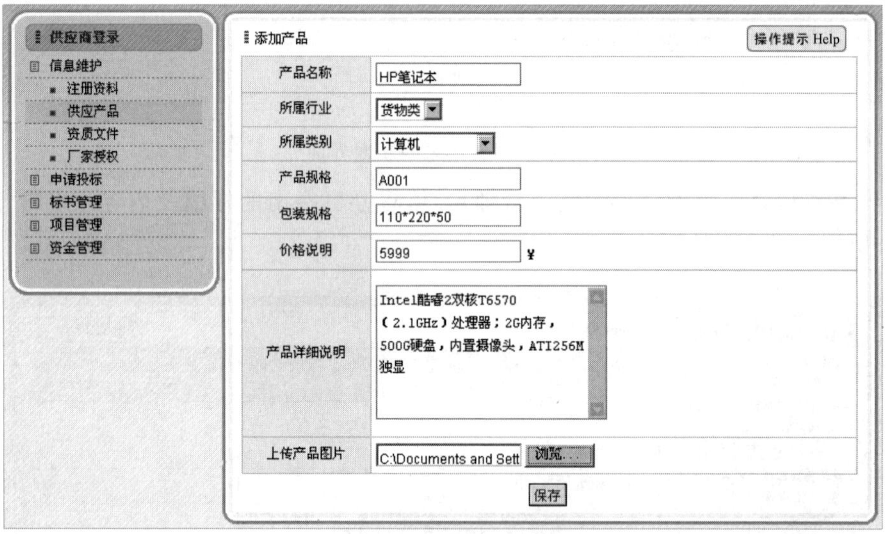

图 6-23 添加供应产品界面

选择"信息维护"下的【资质文件】，填写资质证书的相关信息，上传资质证书，单击【保存】，如图 6-24 所示。

选择"信息维护"下的【厂家授权】，填写厂家授权的相关信息，上传授权书，单击【保存】，如图 6-25 所示。

选择"资金管理"下的【账户管理】，给账户充值，填写充值金额，单击【充值】，如图 6-26 所示。

按照以上步骤，依次给其他两家供应公司——南京舜天科技和北京众网科技添加供应产品信息，上传资质文件和厂家授权证书，并给其账户进行充值。

图 6-24　供应商资质文件添加界面

图 6-25　供应商厂家授权书添加界面

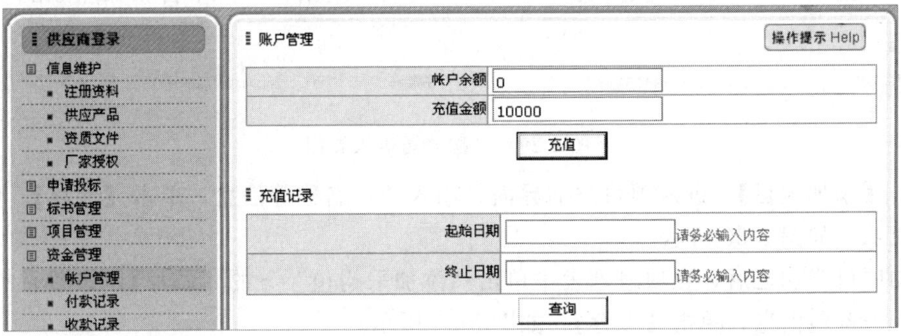

图 6-26　供应商账户管理界面

(8) 评标专家上传资质文件

这里有三位评标专家，首先选择李大伟，单击后面的【进入】，如图 6-27 所示。

评标专家				
彭亮	025-83492530	党员	南京大学	进入
王林	025-83490056	党员	东南大学	进入
李大伟	025-83491200	党员	南京大学	进入

图 6-27 评标专家进入界面

选择"资质文件"，单击下方的【新增】。填写评标专家资质文件的相关信息，单击【保存】，如图 6-28 所示。

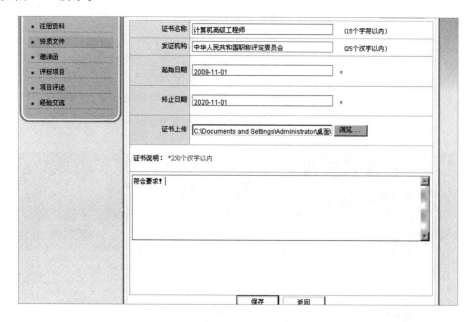

图 6-28 评标专家资质文件添加界面

按照以上步骤，依次给其他两位评标专家添加资质文件。

2. 招投标项目的建立

(1) 采购公司添加采购项目、添加采购包、添加采购产品。

选择"南京大学"后的【进入】，进入采购公司（南京大学）平台，如图 6-29 所示。

图 6-29 采购公司进入界面

单击【添加项目】，进入项目添加界面，输入项目名称等信息，单击【保存】，则采购项目添加成功，如图 6-30 所示。

添加项目成功之后，在项目列表中单击"添加采购包"下的【添加】，如图 6-31 所示。

输入采购包信息，单击【保存】，如图 6-32 所示。

接下来，添加购买产品数量，单击"第 1 包"后的【添加】，如图 6-33 所示。

输入产品名称、采购数量以及规格说明，单击【保存】，如图 6-34 所示。

实验六 招标采购平台

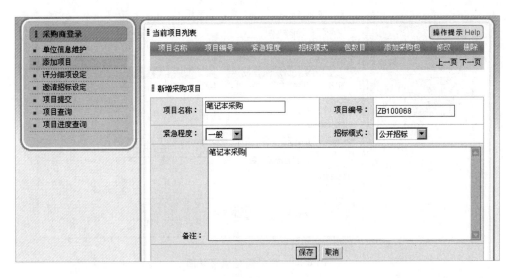

图 6-30 采购项目添加界面

图 6-31 采购包添加界面

图 6-32 采购包信息填写界面

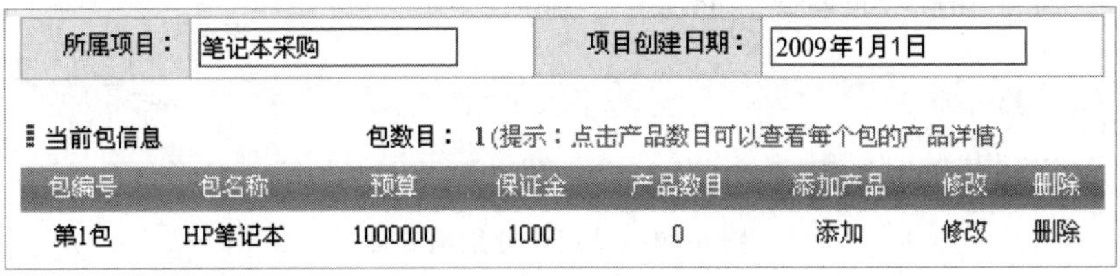

图 6-33 产品添加界面

图 6-34　产品信息填写界面

(2) 设定评分细项。

产品信息添加结束之后，设定评分细项，选择"评分细项设定"，单击【选择】，如图 6-35 所示。

图 6-35　单位信息维护界面

单击"第 1 包"前的【设定】，如图 6-36 所示。

图 6-36　设定评分细项界面

填写细项名称和所占百分比，单击【提交】，如图 6-37 所示。[①]

图 6-37　新增评分细项界面

在"采购商登录"下选择【项目提交】，单击项目前的【管理】，选择"提交政府审核"，并【确定】，如图 6-38 所示。

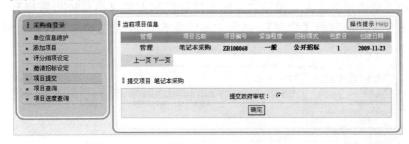

图 6-38　项目提交界面

(3) 南京市政府采购中心审核南京大学采购项目，并发布招标公告，生成招标文件。切换用户，进入"南京市政府采购中心"平台，如图 6-39 所示。

图 6-39　招投标管理后台进入界面

单击"招标项目管理"下的【项目审核】，进入项目审核页面，单击项目名称前面的【管理】，设定项目时间，选择"审核通过"，单击【确定】按钮，则项目审核成功，如图 6-40 所示。

图 6-40　项目审核界面

---

① 评分细项可以有多项，但每项百分比相加应为 100%。

接下来,要生成招标公告,单击"招标项目管理"下的【生成招标公告】,进入公告生成页面,单击项目名称前面的【生成】,在弹出的页面中单击【确认】按钮即可,如图6-41所示。

图 6-41　生成招标公告界面

发布已经生成的招标公告,单击"招标项目管理"下的【招标公告管理】,进入公告发布页面,单击公告标题前的【管理】,选择"确定发布",单击【确定】按钮,则招标公告发布成功,如图6-42所示。

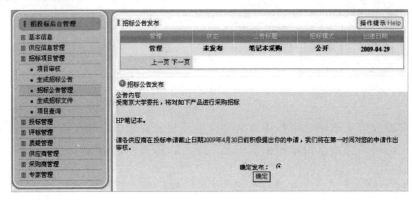

图 6-42　招标公告管理界面

(4) 供应公司查看招标公告,购买标书,填写标书以及投递标书。

单击南京奥派科技后面的【进入】,进入供应公司平台,如图6-43所示。

图 6-43　进入供应公司界面

选择"申请投标"下的【招标公告】,进入申请投标页面,单击"申请投标"下的图标,申请投标,如图6-44所示。

其他两个供应公司进行同样的操作，申请投标。

接下来，招投标管理服务商（南京政府采购中心），要对供应公司的投标申请进行审核。单击南京政府采购中心后面的【进入】，进入南京政府采购中心平台，如图6-45所示。

图6-45 招投标后台进入界面

选择"投标管理"下的【投标申请审核】，进入供应商资格审核页面，单击【审核】，选择"批准"，单击【确定】按钮，则审核通过，如图6-46所示。

图6-46 投标申请审核界面

当三家供应公司申请投标之后，服务商才可以生成标书。单击"招标项目管理"下的【生成招标文件】，进入文件生成页面，单击项目名称前面的【生成】，如图6-47所示。

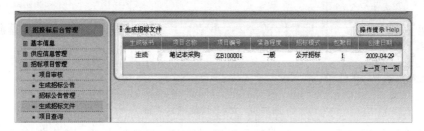

图6-47 生成招标文件界面

在弹出的页面中输入标书价格，单击【确定】按钮，则标书生成成功，如图6-48所示。

图6-48 生成标书界面

接下来，供应公司就要去购买标书。单击南京奥派科技后面的【进入】，进入供应公司（南京奥派科技）平台，单击"申请投标"下的【标书购买】，进入标书购买页面，单击标书购买下的图标，购买标书，如图6-49所示。

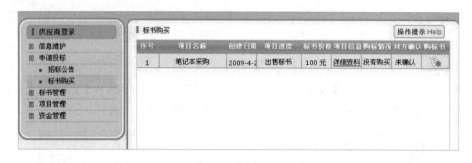

图 6-49　标书购买界面

同样的操作，其他两家供应公司（南京舜天科技、北京众网科技）也购买标书。

供应公司购买标书，付款之后，服务商要确认付款成功。单击南京政府采购中心后面的【进入】，进入服务商（南京政府采购中心）平台，选择"投标管理"下的"标书付款确认"，进入付款确认页面，单击【确定】按钮，确认付款，如图6-50所示。

图 6-50　标书付款确认界面

服务商确认付款之后，供应公司就可以填写标书，投递标书了。单击供应公司（南京奥派科技）后面的【进入】，单击"标书管理"下的【标书填写】，进入标书填写页面，单击"标书填写"下面的按钮，如图6-51所示。

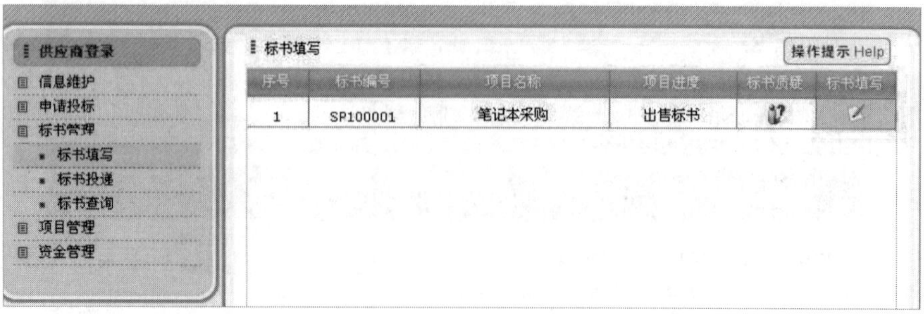

图 6-51　标书填写界面

在弹出的页面中，填写报价、交货时间承诺、售后服务承诺等信息，单击【保存】按钮，则标书填写成功，如图 6-52 所示。

图 6-52　填写标书信息界面

标书填写完毕后，就可以投递标书了，单击"标书管理"下的【标书投递】，进入标书投递页面，单击"投递标书"下面的按钮，进行标书投递，如图 6-53 所示。

图 6-53　标书投递界面

其他的两家供应公司进行同样的操作，填写标书、投递标书。供应公司投递标书结束之后，南京政府采购中心要截止投标。单击南京政府采购中心后面的【进入】，进入南京政府采购中心，单击"投标管理"下的【截止投标】，单击项目名称前的【选择】，选择"确定截止接受标书"，单击【确定】，则截止投标成功，如图 6-54 所示。

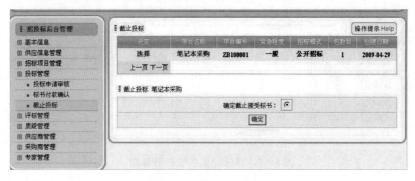

图 6-54　截止投标界面

3. 招投标项目的评审和中标

（1）南京政府采购中心先邀请评标专家。单击南京政府采购中心后面的【进入】，进入南京政府采购中心平台，单击"评标管理"下的【邀请评标专家】，进入专家邀请界面，单击项目名称前面的【选择】，如图6-55所示。

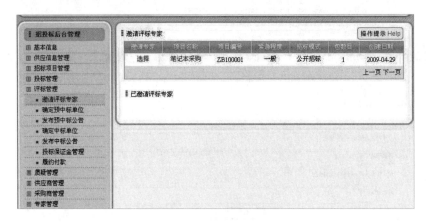

图 6-55　邀请评标专家界面

选择专家类别，勾选邀请的专家，单击【新增】按钮即可，如图6-56所示。

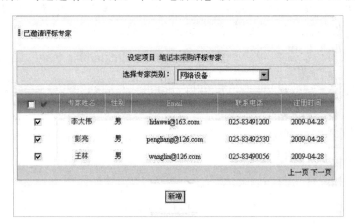

图 6-56　选择评标专家界面

服务商邀请完专家之后，评审专家要接受邀请，进入评审专家（李大伟）的页面，单击【邀请函】，进入邀请函页面，单击【接受邀请】下面的按钮，接受邀请，如图6-57所示。

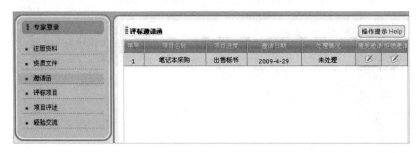

图 6-57　评标专家接受邀请界面

同样的操作，另外两位评审专家也要接受邀请。

（2）现在评标专家就有资格对项目进行评标了，单击【评标项目】，进入"评标项目"页面，如图 6-58 所示。

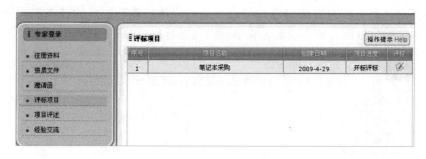

图 6-58　评标专家评标界面

再单击"评标"下面的按钮，进入"评标项目—采购包"页面，如图 6-59 所示。

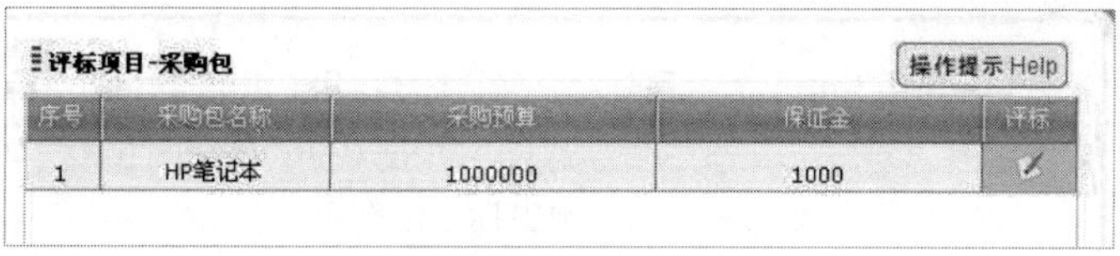

图 6-59　评标界面

单击"评分"下面的按钮，进行评分，如图 6-60 所示。

图 6-60　评标专家评分界面

在弹出的页面中对采购项目进行评分，单击【提交】按钮，则评标专家点评成功，如图 6-61 所示。（李大伟给南京奥派科技评了 90 分，给南京舜天科技评了 85 分，给北京网博科

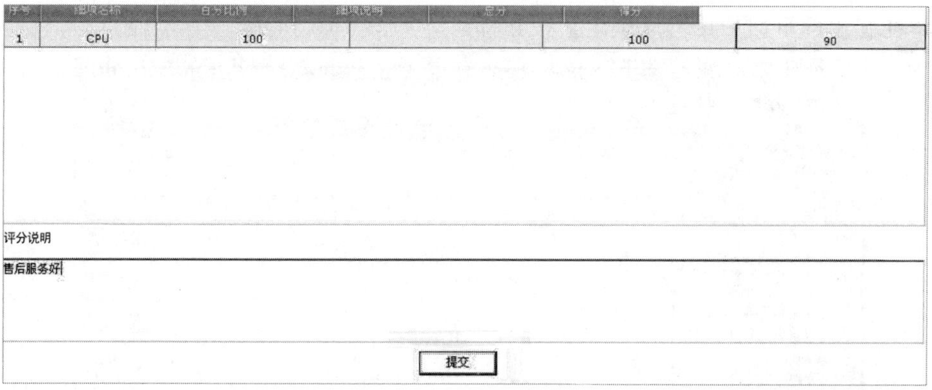

图 6-61　评分界面

技评了 80 分；彭亮给南京奥派科技评了 85 分，给南京舜天科技评了 80 分，给北京网博科技评了 75 分；王林给南京奥派科技评了 90 分，给南京舜天科技评了 80 分，给北京网博科技评了 75 分）

进入服务商（南京政府采购中心）平台，单击"评标管理"下的【确定预中标单位】，进入预中标单位确定页面，单击项目名称前面的【选择】，如图 6-62 所示。

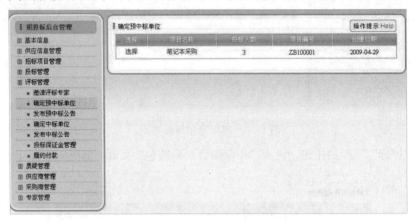

图 6-62 确定预中标单位界面

勾选预中标单位，单击【提交】按钮，则确定预中标单位成功，如图 6-63 所示。

图 6-63 选择预中标单位界面

接下来，发布预中标公告，单击"评标管理"下的发布预中标公告，单击项目名称前的【选择】，在弹出的页面中单击【确定】按钮即可，如图 6-64 所示。

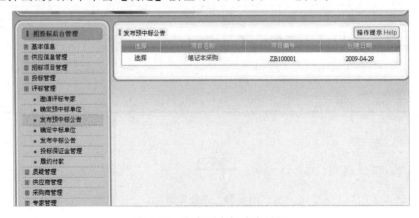

图 6-64 发布预中标公告界面

南京政府采购中心的预中标公告发布出来之后，供应公司可以查看此中标公告，并提出质疑。单击北京网博科技后面的【进入】，进入供应公司平台，单击"项目管理"下的【预中标公告】，单击"公告质疑"下面的按钮，在弹出的页面中填写公告质疑，单击【保存】即可，如图 6-65 所示。

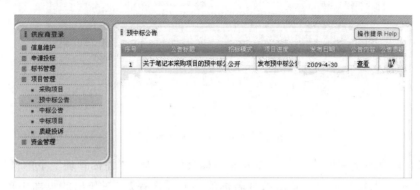

图 6-65 公告质疑界面

接下来，南京政府采购中心要对此公告质疑进行回复，进入服务商平台，单击"质疑管理"下的【疑问解答】，单击【预中标管理】，进入质疑回复页面，单击【回复】，在弹出的对话框中，填写回复内容，单击【回复】按钮即可，如图 6-66 所示。

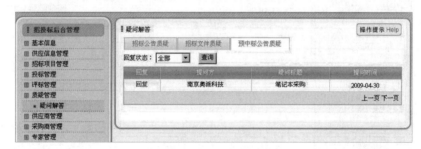

图 6-66 疑问解答界面

确定无误之后，南京政府采购中心要确定"南京奥派科技"为中标单位，单击"评标管理"下的【确定中标单位】，如图 6-67 所示。

图 6-67 确定中标单位界面

进入中标单位确定页面，再单击【选择】，在弹出页面中单击【提交】按钮，则确定中标单位成功，如图 6-68 所示。

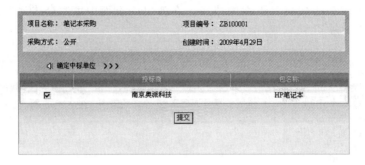

图 6-68　提交中标单位界面

接下来，南京政府采购中心就可以发布中标公告，单击"评标管理"下的【发布中标公告】，进入中标公告发布页面，单击项目名称前面的【选择】，在弹出的页面中单击【确认】按钮，则中标公告发布成功。中标单位确认以后，南京政府采购中心要将中标单位的投标保证金转成履约保证金，且要退回未中标单位的投标保证金。单击"评标管理"下的【投标保证金管理】，如图 6-69 所示。

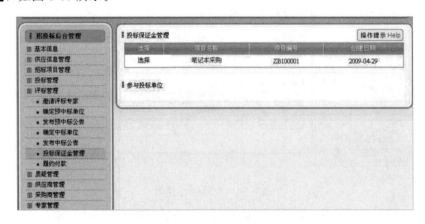

图 6-69　投标保证金管理界面

进入投标保证金管理页面，单击项目名称前面的【选择】，对于中标单位而言，单击【转成履约保证金】，对于未中标单位而言，单击【退回投标保证金】，如图 6-70 所示。

图 6-70　保证金转换或退回界面

接下来就是履约付款问题了，单击"评标管理"下的【履约付款】，进入履约付款页面，单击项目名称前面的【选择】，单击【确认付款】对中标单位付款进行确认，如图6-71所示。

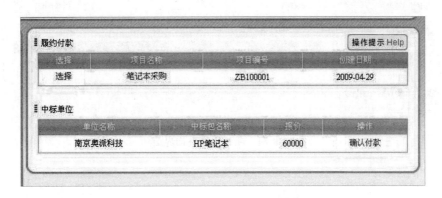

图6-71 履约付款界面

4. 招投标项目的后期业务处理

（1）单击评标专家名字后面的【进入】，进入评标专家平台，单击【项目评述】，进入项目评述页面，单击【发表】，填写评述内容，单击【保存】按钮即可，如图6-72所示。

图6-72 项目评述界面

评标专家也可以进行经验交流，单击【经验交流】，进入经验交流页面，单击【发表经验】按钮，填写标题名称和实践内容消息，单击【保存】按钮，如图6-73所示。

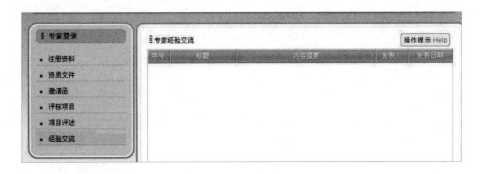

图6-73 经验交流界面

（2）采购公司项目进度查询。单击南京大学后面的【进入】，进入采购公司平台，单击【项目进度查询】，进入项目进度查询页面，单击【查找】按钮即可，如图6-74所示。

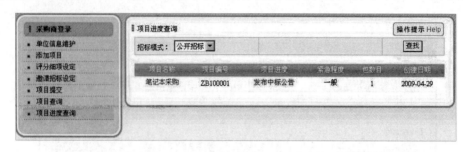

图 6-74　项目进度查询界面

实验七 行政审批系统

行政审批系统就是通过建立一个基于信息网络、区内各职能部门网络互联、"合署办公"的"虚拟"行政服务管理中心，逐步实现各种在线行政服务的协同政务功能，为企业和居民提供"单一化"窗口和"一站式"服务的办公系统。依附"一站式"协同政务服务体系，公开事务处理时间、过程及结果，大大提高政府公信力。通过政府网上并联审批系统，可以规范政府职能部门的各项工作流程，提高办事效能及服务质量，增加政府行政的透明度，为政府职能部门绩效考核体系提供切实而有效的评估依据。学生通过此项目实验掌握行政事项的管理方法，掌握行政审批事项的方法、流程等。

实验 7.1　行政事项相关操作

一、实验目的

1. 掌握行政事项的管理方法；
2. 掌握行政审批事项的方法。

二、实验内容和步骤

1. 行政事项管理

首先在模块选择界面单击【行政审批系统】，如图 7-1 所示。

图 7-1　模块选择界面

(1) 行政事项分类

进入行政大厅后台，如图 7-2 所示。

图 7-2　角色选择界面

在"行政事项分类"下选择【主题服务管理】，单击【新增】，如图 7-3 所示。

图 7-3　主题服务管理界面

输入主题服务名称，单击【确定】，如图 7-4 所示。

图 7-4　主题服务添加界面

在"行政事项分类"下选择【服务对象管理】，添加服务对象，如图 7-5 所示。

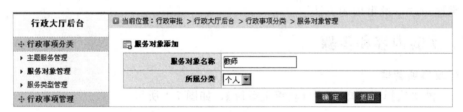

图 7-5　服务对象添加界面

在"行政事项分类"下选择【服务类型管理】，添加服务类型，如图 7-6 所示。

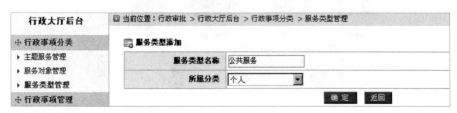

图 7-6　服务类型添加界面

（2）行政事项管理

切换用户，单击"登记行政部门"后的【进入】，如图7-7所示。

图7-7　角色选择界面

选择需要添加的部门，单击下方的【选择】，如图7-8所示。

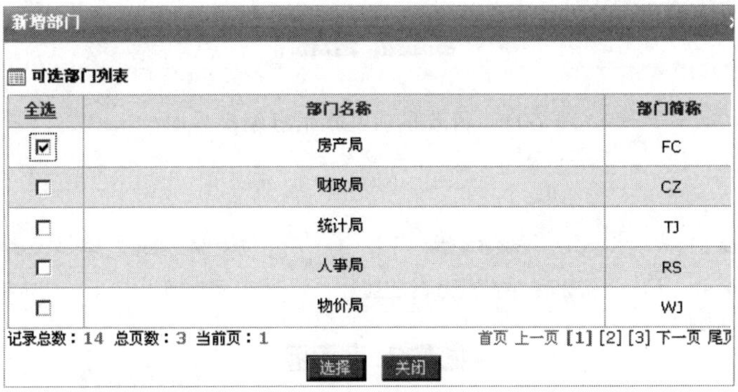

图7-8　部门选择界面

单击行政部门"房产局"后的【进入】，进入房产局内部系统，如图7-9所示。

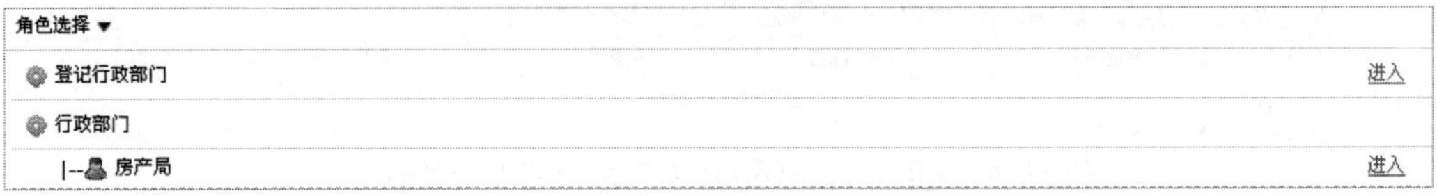

图7-9　角色选择界面

在"事项管理"下选择【行政事项管理】，单击【新增】，如图7-10所示。

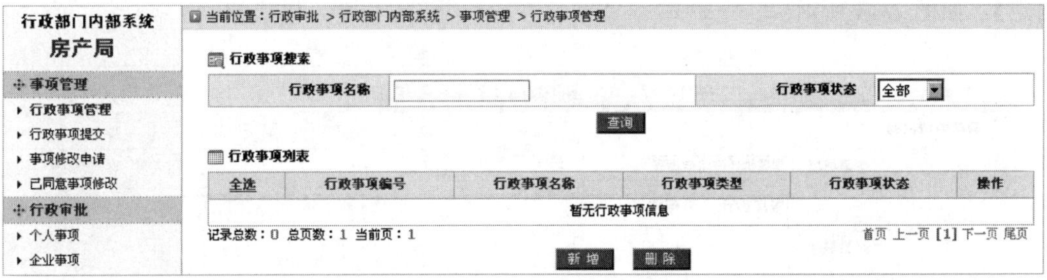

图7-10　行政事项管理界面

填写行政事项基本信息，单击【确定】，如图7-11所示。
添加完成行政事项后，需要对其进行定义。单击操作下方的【定义】，如图7-12所示。
在"申办材料"下单击【新增】，如图7-13所示。

图 7-11　行政事项基本信息编辑界面

图 7-12　定义行政事项界面

图 7-13　申办材料界面

填写材料的名称和描述，选择材料类型，如果是表格的话，需要上传表格模板，单击【确定】，如图 7-14 所示。

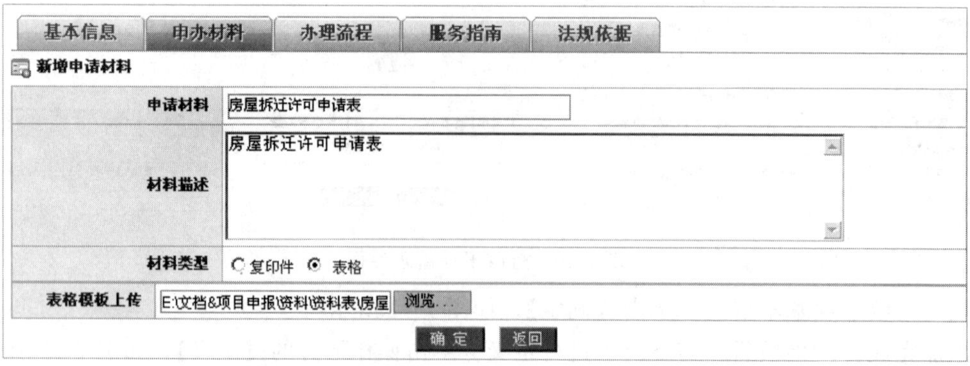

图 7-14　申办材料新增界面

在"办理流程"下添加步骤,单击【添加步骤】,如图 7-15 所示。

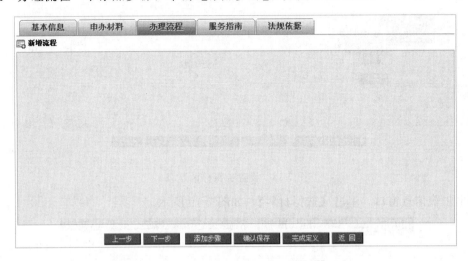

图 7-15　办理流程新增界面

右击步骤框,单击【设置属性】,设置步骤信息,如图 7-16 所示。

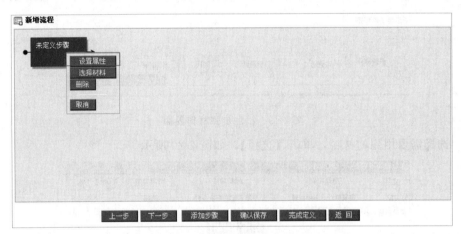

图 7-16　设置步骤属性界面

填写步骤信息,选择步骤事件,单击【确定】,如图 7-17 所示。

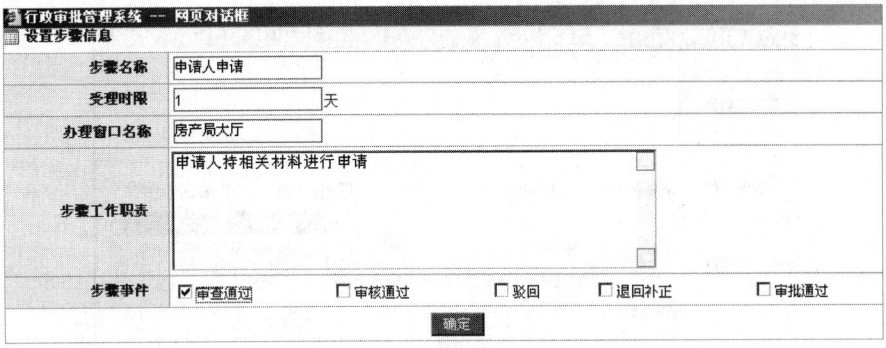

图 7-17　设置步骤信息界面

右击步骤框,单击【选择材料】,如图 7-18 所示。

图 7-18　设置步骤材料界面

弹出步骤信息窗口,单击【选择材料】,如图 7-19 所示。

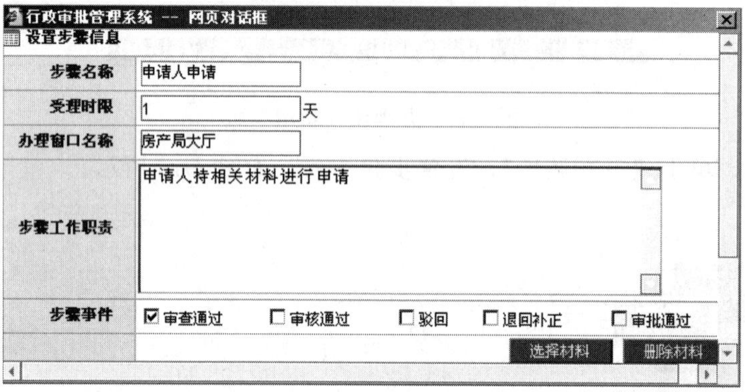

图 7-19　添加步骤材料界面

选择需要用到的材料,单击【选择】,如图 7-20 所示。

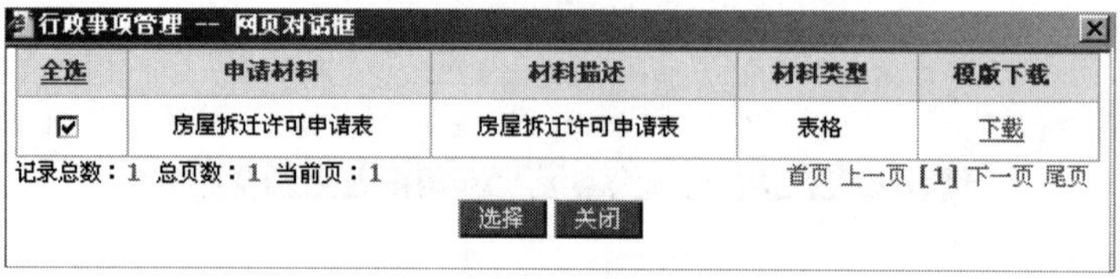

图 7-20　添加材料界面

选择申请材料,单击【确定】,如图 7-21 所示。

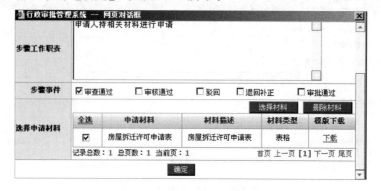

图 7-21　选择材料界面

这时，在流程框可以看到添加的流程效果。按照这样的步骤，自行添加"受理"、"初审"和"决定"三个步骤，如图 7-22 所示。

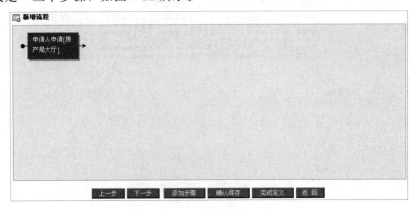

图 7-22　流程添加效果界面

添加完成后，单击【确认保存】。保存流程之后，单击【下一步】，如图 7-23 所示。

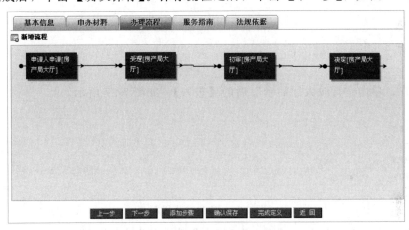

图 7-23　保存办理流程界面

填写服务指南的相关信息，单击【确认保存】。保存成功之后，单击【下一步】，如图 7-24 所示。

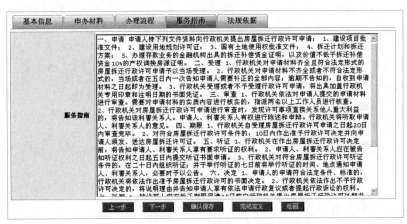

图 7-24　添加服务指南界面

填写法规依据，单击【确认保存】。保存成功之后，单击【完成定义】，如图7-25所示。

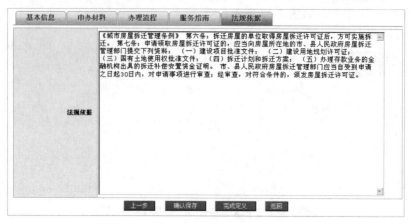

图 7-25　添加法规依据界面

完成定义之后，需要将该行政事项进行提交。选择行政事项，单击下方的【提交】，如图7-26所示。

行政事项界面

切换用户，单击"行政大厅后台"后的【进入】，如图7-27所示。

图 7-27　角色选择界面

在"行政事项列表"下单击【发布】，将该行政事项发布，如图7-28所示。

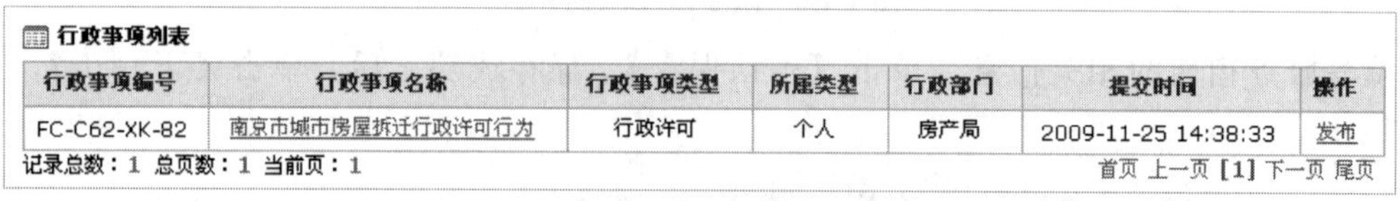

图 7-28　行政事项发布界面

选择主题服务、服务对象以及服务类型，单击【确定】，如图7-29所示。

图 7-29　确认发布界面

切换用户，以个人身份进入行政大厅，如图7-30所示。

在行政大厅的"在线受理"栏目下可以看到该服务，并单击它，如图7-31所示。

实验七 行政审批系统

图 7-30 角色选择界面

图 7-31 在线受理界面

可以看到之前对该行政事项的定义。单击【在线填报】，如图 7-32 所示。

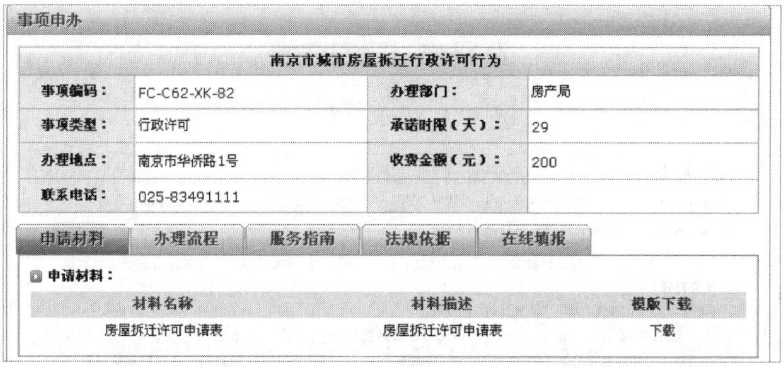

图 7-32 事项申办界面

填写基本信息，单击【保存】，如图 7-33 所示。

保存成功之后，需要记住办事序号以及身份证号码，以便查询办事状态。单击【提交材料】，如图 7-34 所示。

单击【上传】，上传必须提交的材料，如图 7-35 所示。

选择文件上传，单击【提交】，如图 7-36 所示。

确认基本信息填写完成，材料也上传完毕之后，单击【提交】，如图 7-37 所示。

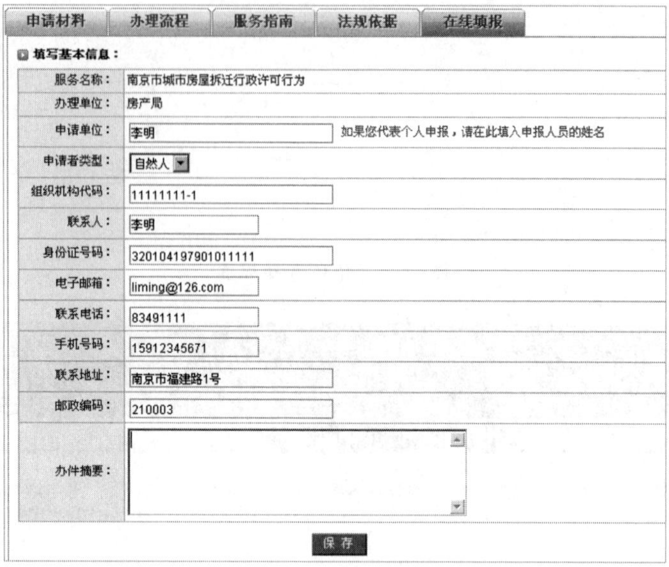

图 7-33 在线填报界面

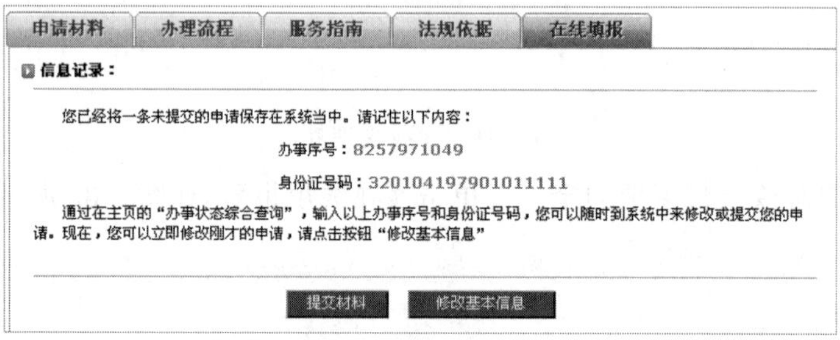

图 7-34 提交材料界面

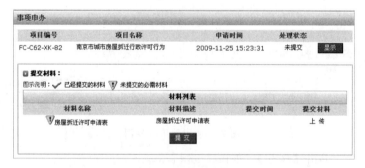

图 7-35 上传材料界面

图 7-36 选择材料上传界面

图 7-37 提交材料界面

提交成功之后，该行政事项就处于等待受理的阶段了。

2. 完成行政审批事项

切换用户，进入房产局。在"行政审批"下选择【个人事项】，能够看到该事项当前的状态，单击【处理】，如图 7-38 所示。

图 7-38 个人事项处理界面

在这里能够看到申请人的基本信息以及提交的材料，单击材料后的【查阅】。注意，此时的审核状态为空，如图 7-39 所示。

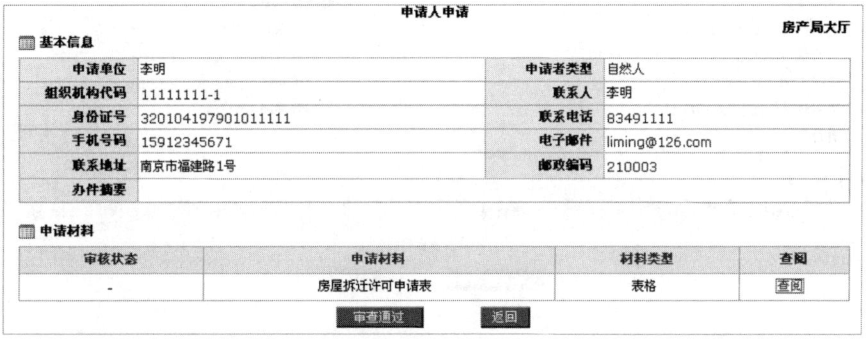

图 7-39 查看申请事项界面

下载材料进行查阅，若符合要求，则选择"合格"，单击【确定】，如图 7-40 所示。

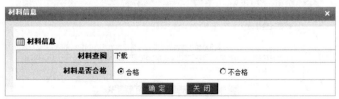

图 7-40 查阅申请材料界面

材料审核通过之后，审核状态也随之改变。单击下方的【审查通过】，如图7-41所示。

图7-41　审查申请材料界面

这时，弹出确认窗口，显示流程信息，单击【转到下一流程】，如图7-42所示。

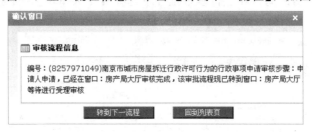

图7-42　审核流程信息界面

现在是流程中的"受理"步骤，单击【审查通过】，如图7-43所示。

图7-43　受理界面

这时，弹出确认窗口，显示流程信息，单击【转到下一流程】，如图7-44所示。

图7-44　审核流程信息界面

按照定义的流程继续进行审核，直至审核完毕。

审核完毕之后，在"已办理完结项目"中可查看，如图 7-45 所示。

图 7-45　查看办理完结项目界面

进入行政大厅，根据办事序号和身份证号，可以查询办事状态。这里，办事状态显示为"审核通过"，如图 7-46 所示。

图 7-46　办理状态查询界面

注：企业事项、港澳台侨外国人事项与个人事项的流程相同，这里不再赘述。

实验 7.2　并联审批事项

一、实验目的

1. 掌握完成并联审批事项的操作；
2. 掌握行政监督和网站管理的方法。

二、实验内容和步骤

1. 完成某项并联审批事项

（1）行政事项管理

单击登记行政部门后的【进入】，如图 7-47 所示。

图 7-47 角色选择界面

选择卫生局和国土资源局，单击【选择】，新增这两个行政部门，如图 7-48 所示。

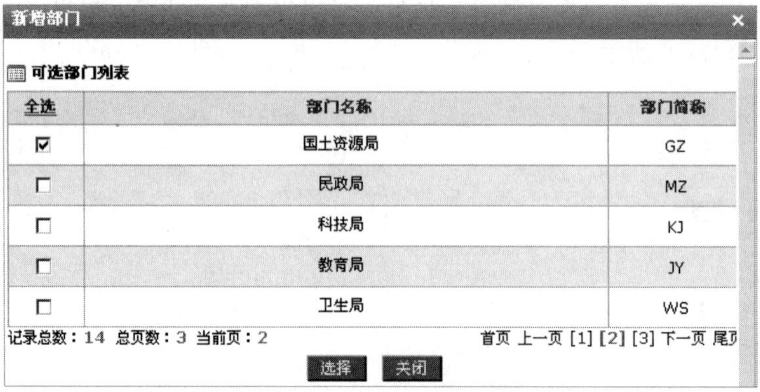

图 7-48 新增部门界面

进入"国土资源局"后台，新增行政事项。选择"事项管理"下的【行政事项管理】，编辑行政事项的基本信息，单击【确定】，如图 7-49 所示。

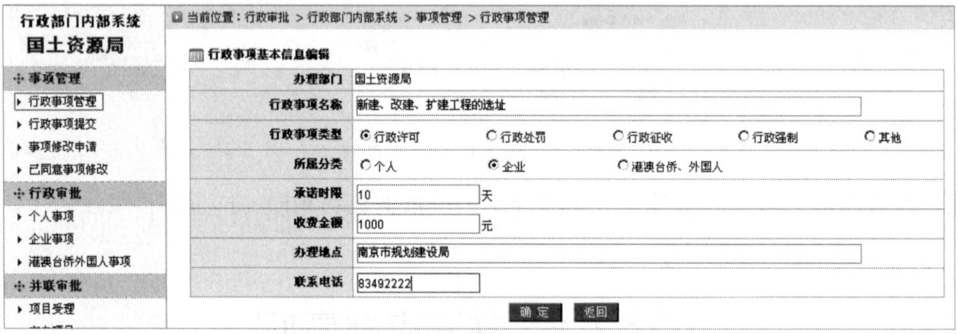

图 7-49 行政事项管理界面

单击该行政事项列表后的【定义】，如图 7-50 所示。

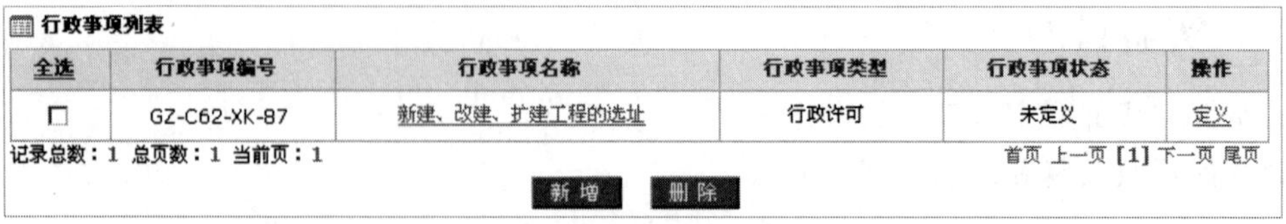

图 7-50 定义行政事项界面

添加"申办材料",单击【确定】,如图 7-51 所示。

图 7-51　添加申办材料界面

新增流程,添加步骤名称为"受理"的信息,单击【确定】,如图 7-52 所示。

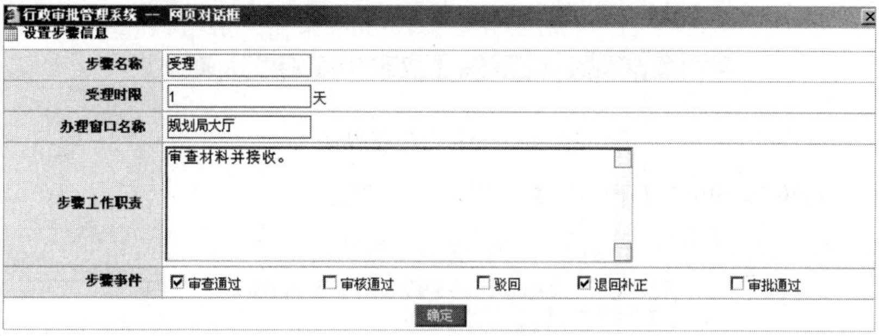

图 7-52　设置步骤信息界面

选择申请材料,单击【确定】,如图 7-53 所示。

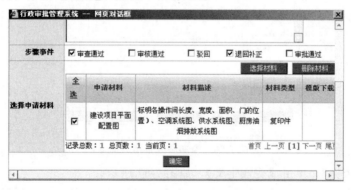

图 7-53　选择申请材料界面

添加步骤名称为"决定"的信息,单击【确定】,如图 7-54 所示。

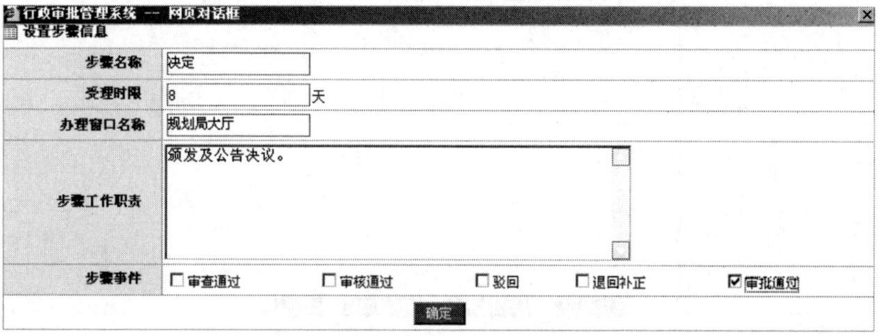

图 7-54　设置步骤信息界面

为这两个步骤建立联系，单击【确认保存】，如图 7-55 所示。

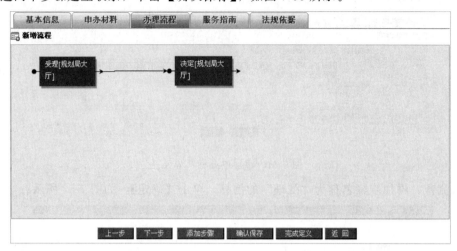

图 7-55　新增流程界面

添加"服务指南"，单击【下一步】，如图 7-56 所示。

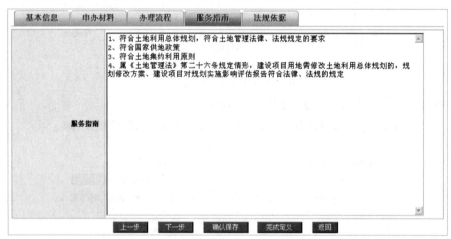

图 7-56　添加服务指南界面

添加"法律依据"，单击【完成定义】，如图 7-57 所示。

图 7-57　添加法规依据界面

在"行政事项列表"中选择该行政事项,并单击【提交】,如图7-58所示。

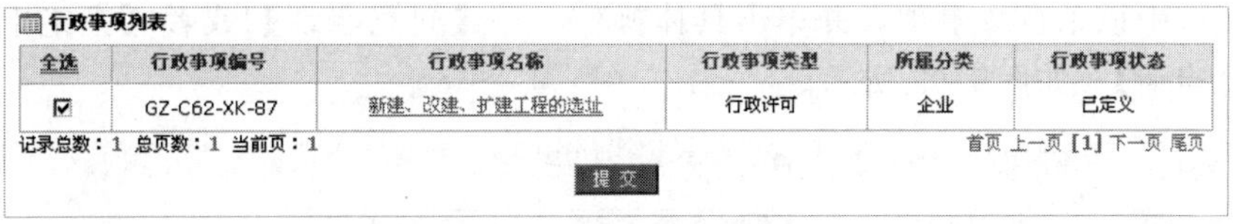

图7-58 提交行政事项界面

切换用户,进入行政大厅后台,发布该行政事项,如图7-59所示。

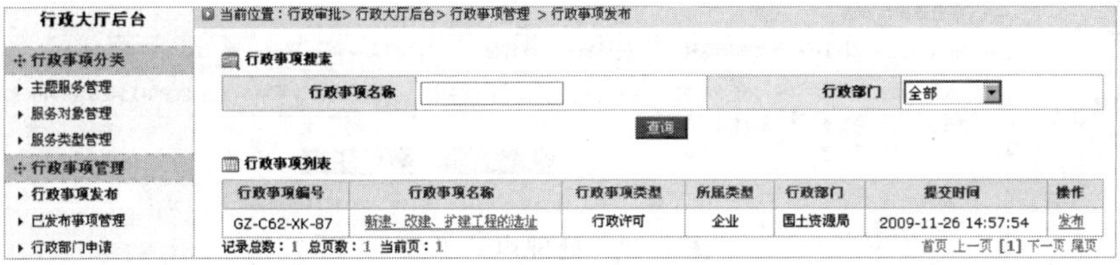

图7-59 行政事项发布界面

选择主题服务、服务对象以及服务类型,单击【确定】,如图7-60所示。

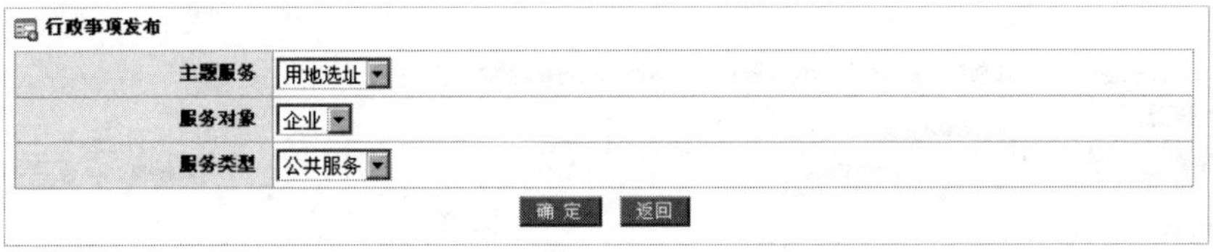

图7-60 确定行政事项发布界面

进入"卫生局"后台,添加行政事项并定义。接着,进入行政大厅后台,发布该事项。具体步骤同上,具体数据请读者自行编写。

(2) 事项修改

若行政事项有改变,可以申请修改。进入"国土资源局"后台,选择"事项管理"下的【事项修改申请】,单击行政事项列表后的【申请】,如图7-61所示。

图7-61 行政事项修改申请界面

选择申请类型,填写申请原因,单击【确定】,如图7-62所示。

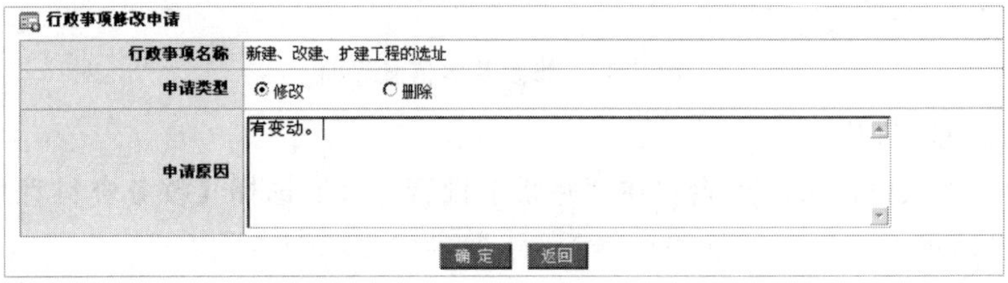

图7-62 填写申请原因界面

切换用户,进入行政大厅后台。在"行政事项管理"下选择【行政部门申请】,在行政事项列表下选中该条行政事项,并单击具体操作——【同意申请】或者【拒绝申请】。这里选择【同意申请】,如图 7-63 所示。

图 7-63 处理申请界面

当行政大厅后台同意修改申请后,切换用户,进入"国土资源局"后台,进行具体的修改。在"事项管理"下选择【已同意事项修改】,在行政事项列表后单击【修改】,如图 7-64 所示。

图 7-64 修改行政事项界面

这里,将收费金额修改为 2 000,修改完毕单击【确认保存】。保存成功之后单击【返回】,如图 7-65 所示。

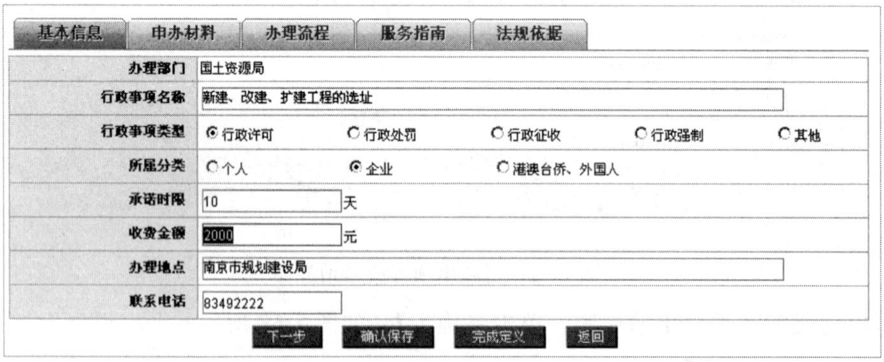

图 7-65 修改基本信息界面

(3) 并联审批管理

切换用户,进入行政大厅后台。在"并联审批管理"下选择【政务资料管理】,单击【新增】,如图 7-66 所示。

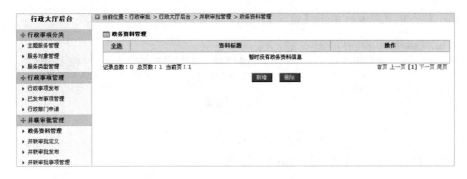

图 7-66 政务资料管理界面

填写政务资料的标题和内容,单击【确认】,如图 7-67 所示。

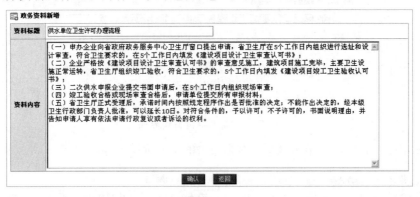

图 7-67 新增政务资料界面

在"并联审批管理"下选择【并联审批定义】,单击【新增】,如图 7-68 所示。

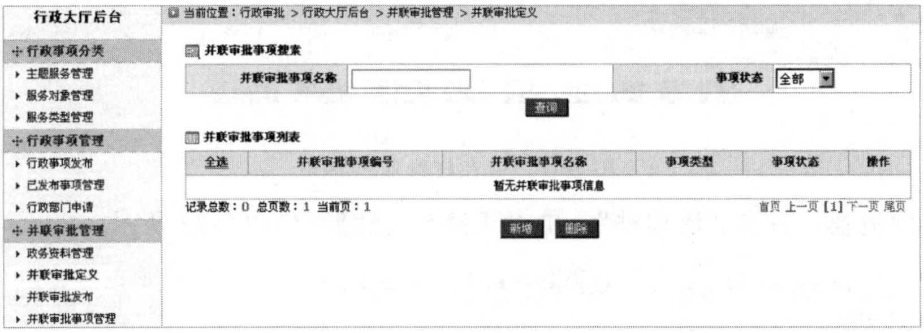

图 7-68 并联审批定义界面

填写并联审批基本信息,单击【确定】,如图 7-69 所示。

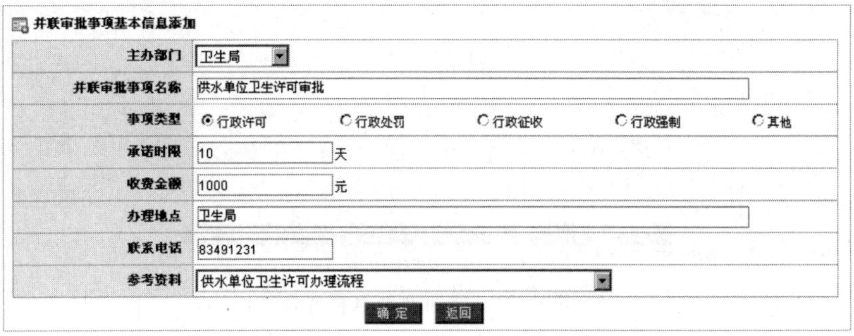

图 7-69 并联审批事项基本信息添加界面

在并联审批事项列表后单击【定义】,如图 7-70 所示。

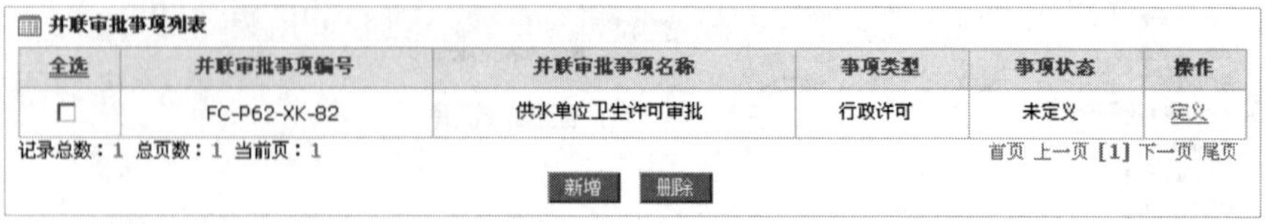

图 7-70 定义并联审批事项界面

添加申办材料,单击【确定】,如图 7-71 所示。

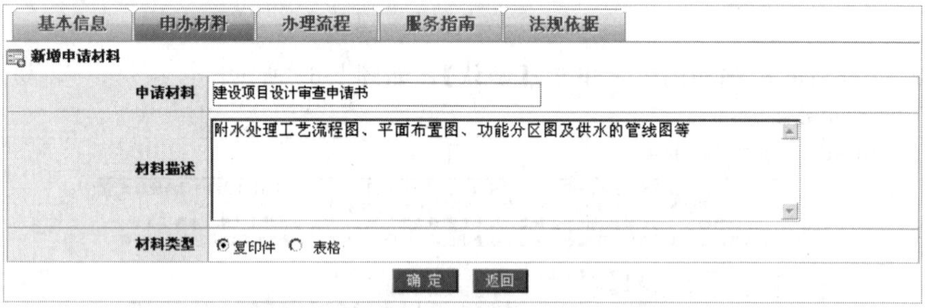

图 7-71 新增申请材料界面

添加完申办材料之后,单击【下一步】,如图 7-72 所示。

图 7-72 申办材料列表界面

设置办理流程,右击"流程框",单击【设置属性】,如图 7-73 所示。

图 7-73 添加办理流程界面

单击【选择事项】，如图 7-74 所示。

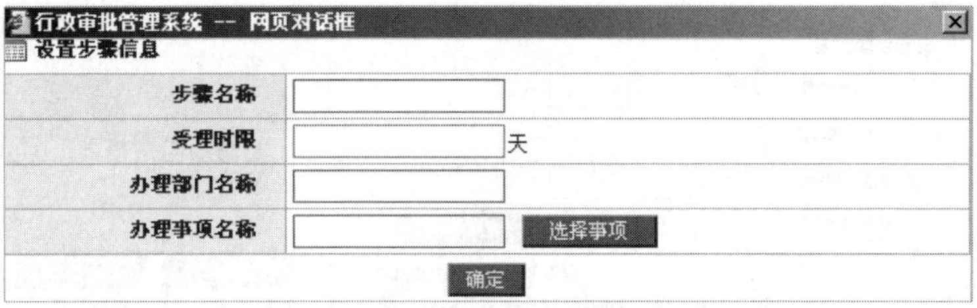

图 7-74　设置步骤信息界面

根据行政部门选择行政事项，单击【选择】，如图 7-75 所示。

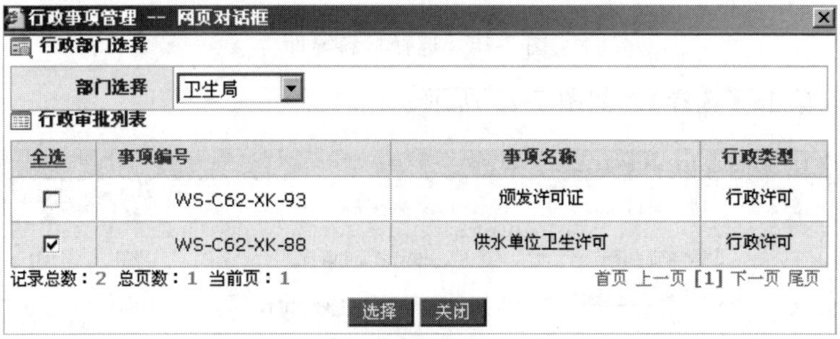

图 7-75　选择行政事项界面

输入受理时限，单击【确定】，如图 7-76 所示。

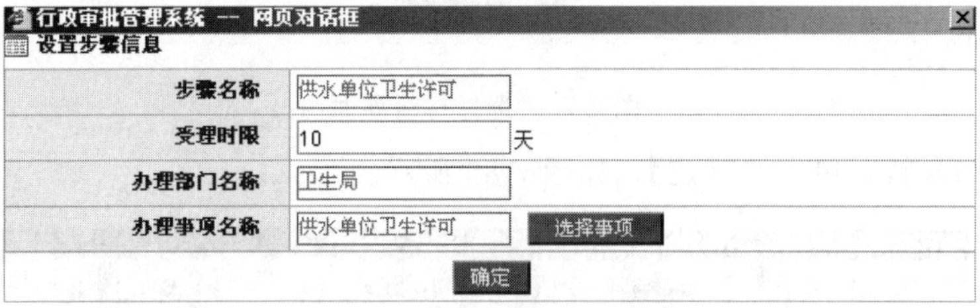

图 7-76　设置步骤信息界面

为该步骤添加材料，右击"流程框"，单击【选择材料】，如图 7-77 所示。

图 7-77　新增流程界面

单击【选择材料】，如图 7-78 所示。

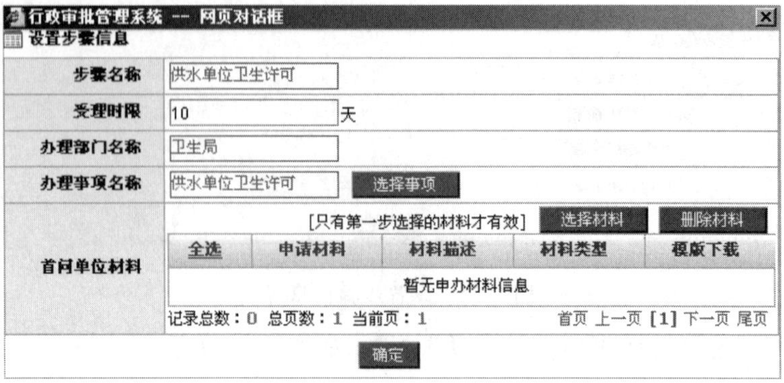

图 7-78　选择材料界面

选择材料，单击【选择】，如图 7-79 所示。

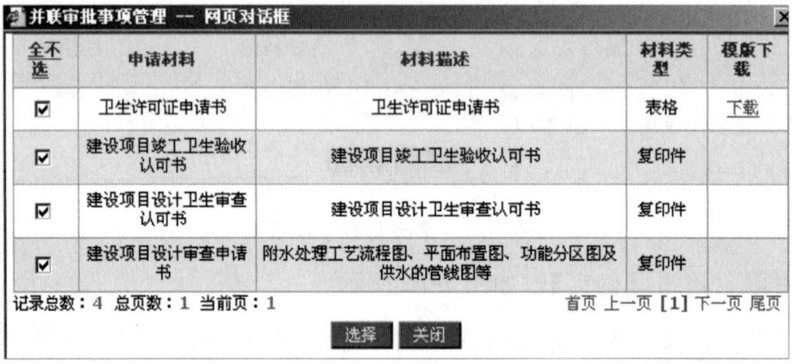

图 7-79　选择材料界面

确定选择的材料，单击【确定】，如图 7-80 所示。

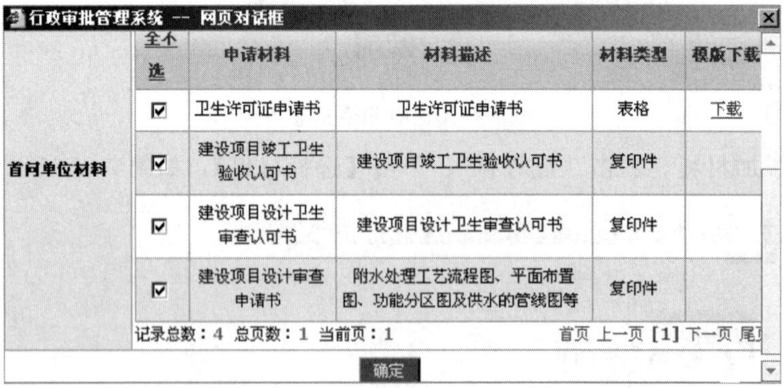

图 7-80　确定材料选择界面

继续添加步骤，并为这三个步骤建立联系，单击【下一步】，如图 7-81 所示。

添加服务指南，单击【下一步】，如图 7-82 所示。

添加法规依据，单击【完成定义】，如图 7-83 所示。

定义完成之后，在"并联审批管理"下选择【并联审批发布】，单击【发布】，如图 7-84 所示。

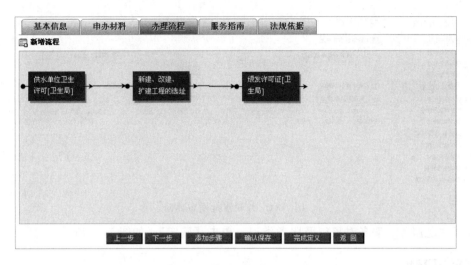

图 7-81　步骤间建立联系界面

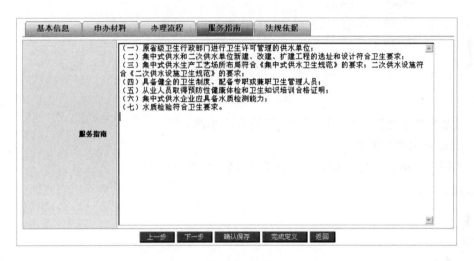

图 7-82　服务指南添加界面

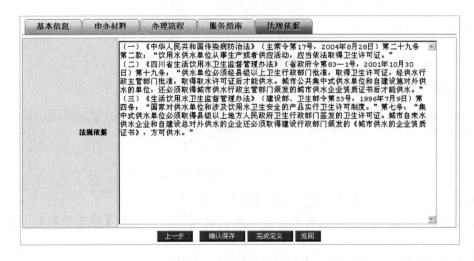

图 7-83　法规依据添加界面

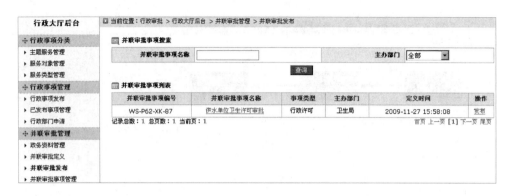

图 7-84 并联审批发布界面

选择主题服务、服务对象以及服务类型，单击【确定】，如图 7-85 所示。

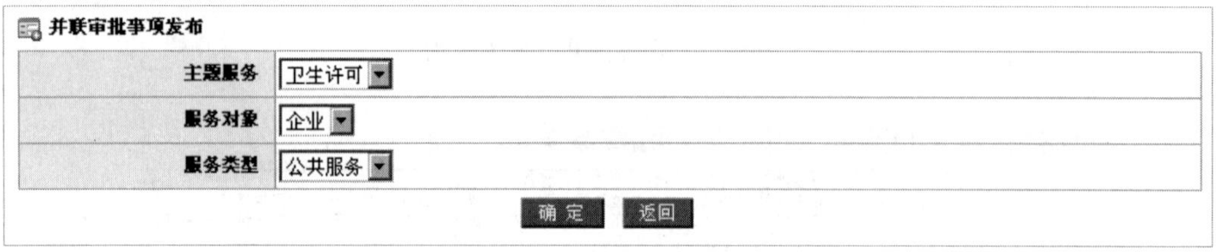

图 7-85 确认发布界面

行政事项发布之后，企业即可进入行政大厅办理事项。

2. 完成并联审批事项

切换用户，单击"行政大厅"后的【进入】，如图 7-86 所示。

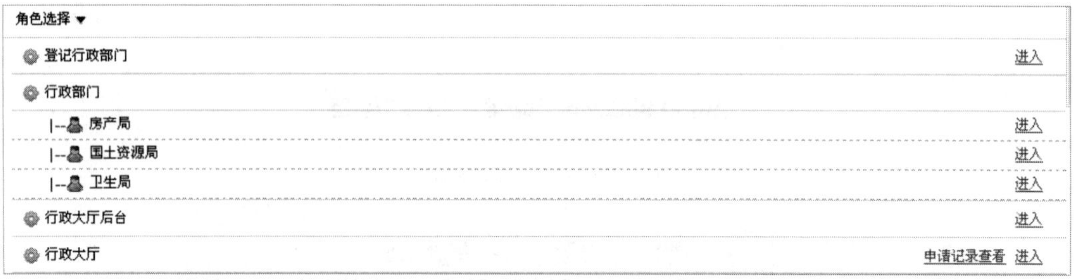

图 7-86 角色选择界面

在"并联审批"下单击具体行政事项，如图 7-87 所示。

图 7-87 行政大厅事项办理界面

填写"在线填报"的基本信息，单击【保存】，如图 7-88 所示。

填写完基本信息之后，记住办事序号以及身份证号码。单击【提交材料】，如图 7-89 所示。

依次单击材料后的【上传】，进行材料的提交，如图 7-90 所示。

实验七　行政审批系统

图 7-88　在线填报界面

图 7-89　提交材料界面

图 7-90　上传材料界面

上传完材料之后，单击【提交】。则该申请为待受理状态，如图 7-91 所示。

图 7-91 材料提交界面

切换用户，由于卫生局是主办部门，所以进入卫生局后台，如图 7-92 所示。

图 7-92 角色选择界面

在"并联审批"下选择【项目受理】，单击列表后的【受理】，如图 7-93 所示。

图 7-93 项目受理界面

查看该申请的基本信息，单击【确认受理】，如图 7-94 所示。

图 7-94 确认受理界面

受理该申请之后,选择"并联审批"下的【主办项目】,单击列表后的【处理】,如图 7-95 所示。

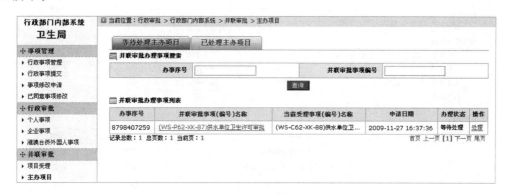

图 7-95　主办项目界面

检查申请单位提交的材料,单击材料后的【查阅】,如图 7-96 所示。

图 7-96　项目信息查看界面

若材料符合要求,选择"合格",单击【确定】,如图 7-97 所示。

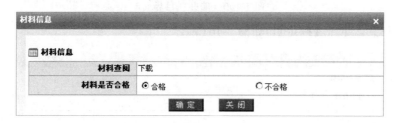

图 7-97　审核材料界面

所有材料检查完毕之后,会看见"审核状态"发生更改,单击下方的【审核通过】,如图 7-98 所示。

这时会弹出确认窗口,单击【回到列表页】,如图 7-99 所示。

在"已处理主办项目"中,可以对项目进行【催办】,如图 7-100 所示。

图 7-98　审核项目界面

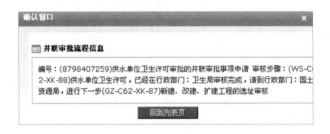

图 7-99　并联审批流程信息界面

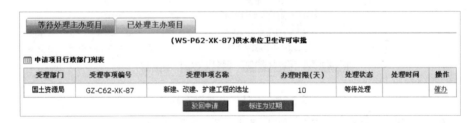

图 7-100　催办项目界面

填写催办信息，单击【确定】，如图 7-101 所示。

图 7-101　填写催办信息界面

切换用户，进入"国土资源局"后台。在"并联审批"下选择【并联项目】，单击【处理】，如图 7-102 所示。

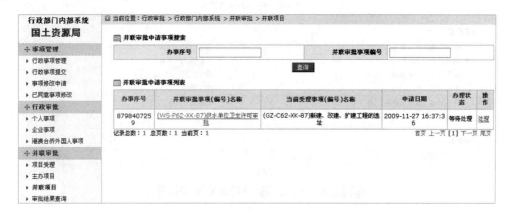

图 7-102　并联项目处理界面

查阅材料，单击【审核通过】，如图 7-103 所示。

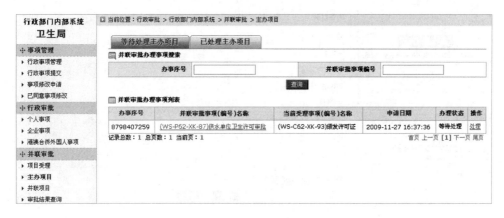

图 7-103　审核项目界面

按照流程的设置，再次回到"卫生局"后台，对该并联项目进行处理，如图 7-104 所示。

图 7-104　并联审批事项处理界面

单击【审批通过】，如图 7-105 所示。

图 7-105　审核并联项目界面

至此，该并联项目处理完成。申请企业进入行政大厅，输入办事序号和身份证号，能够查询到办理状态，如图 7-106 所示。

图 7-106　办事状态查询界面

3．行政监督

（1）举报投诉管理

在行政大厅的"投诉"下，输入投诉信息，单击【提交】，如图 7-107 所示。

图 7-107　投诉界面

投诉成功后,行政大厅后台将收到该条投诉,并对其进行处理。切换用户,进入行政大厅后台。在"行政监督"下选择【举报投诉管理】,单击投诉信息列表后的【处理】,如图7-108 所示。

图 7-108　举报投诉管理界面

阅读详细的投诉信息,单击【处理】,如图 7-109 所示。

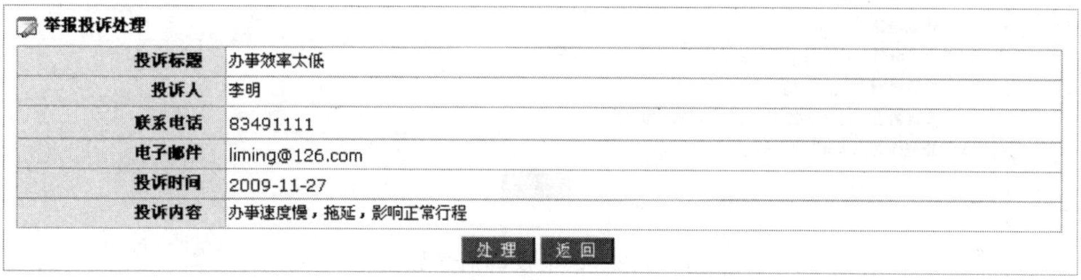

图 7-109　举报投诉处理界面

选择要处理的行政部门,填写处理意见,单击【确定】,如图 7-110 所示。

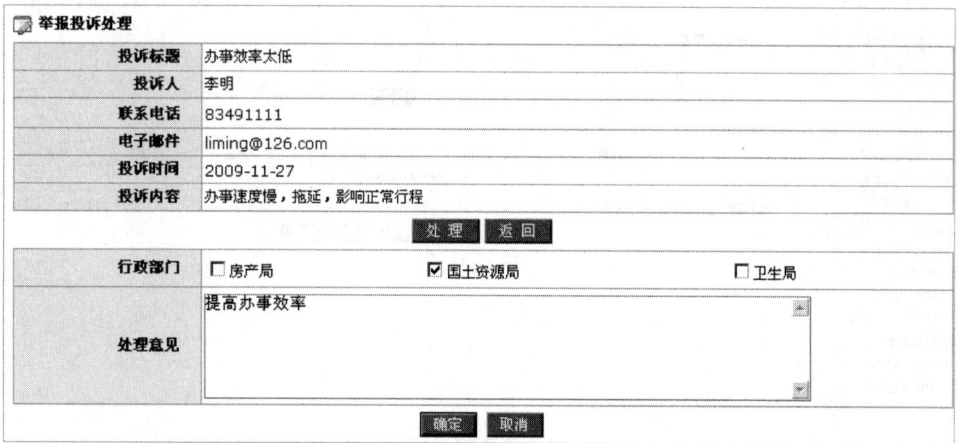

图 7-110　填写处理意见界面

这时,可以进入"国土资源局"后台,查看该投诉信息及处理意见,如图 7-111 所示。

图 7-111　投诉信息查询界面

单击【详细】，如图 7-112 所示。

图 7-112　举报投诉信息界面

（2）调研问卷管理

在"行政监督"下选择【调研问卷管理】，单击【新增】，如图 7-113 所示。

图 7-113　调研问卷管理界面

新增调研问卷，单击【确定】，如图 7-114 所示。

选中该调研问卷，单击下方的【发布】，如图 7-115 所示。

图 7-114　新增调研问卷界面

图 7-115　调研问卷发布界面

调研问卷发布之后，在行政大厅即可看到。切换用户，进入"行政大厅"，在"网络调研"中参与此次调研。选择答案，单击【提交】，如图 7-116 所示。

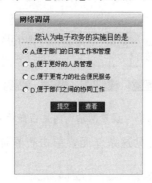

图 7-116　行政大厅网络调研界面

4．网站管理

（1）新闻管理

进入行政大厅后台，在"网站管理"下选择【新闻管理】，单击【新增】，如图 7-117 所示。

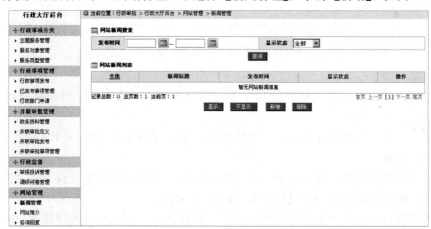

图 7-117　新闻管理界面

填写新闻标题以及内容，单击【确定】，如图 7-118 所示。

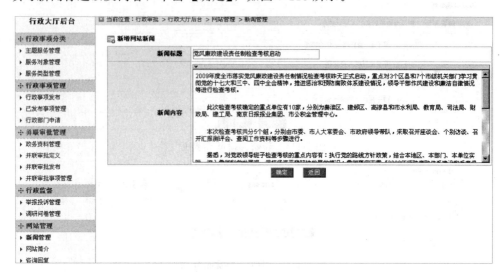

图 7-118　新增网站新闻界面

在"网站新闻列表"下，选中该条新闻，单击下方的【显示】，如图 7-119 所示。

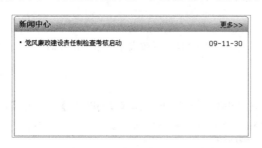

图 7-119　设置网站新闻是否显示界面

切换用户，进入行政大厅，可见这条新闻，单击查看详细内容，如图 7-120 所示。

图 7-120　行政大厅新闻中心界面

（2）网站简介

进入行政大厅后台，在"网站管理"下选择【网站简介】。填写网站简介内容，单击【确定】，如图 7-121 所示。

切换用户，进入行政大厅后台，可见该简介，单击【简介】，如图 7-122 所示。

（3）咨询回复

如果对于行政项目的办理有疑问，可以进行咨询。进入行政大厅后台，在"咨询"下填写具体内容，输入验证码，单击【提交】，如图 7-123 所示。

提交的咨询，行政大厅将在后台予以回复。切换用户，进入行政大厅后台。在"网站管理"下选择【咨询回复】，单击咨询回复列表后的【回复】，如图 7-124 所示。

· 128 ·

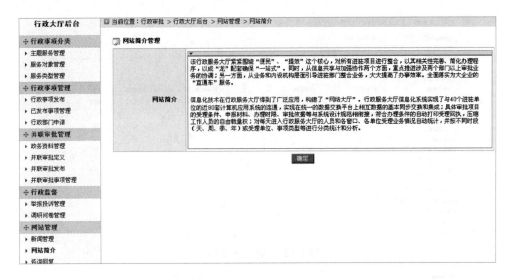

图 7-121　添加网站简介界面

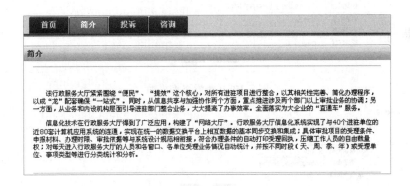

图 7-122　行政大厅网站简介界面

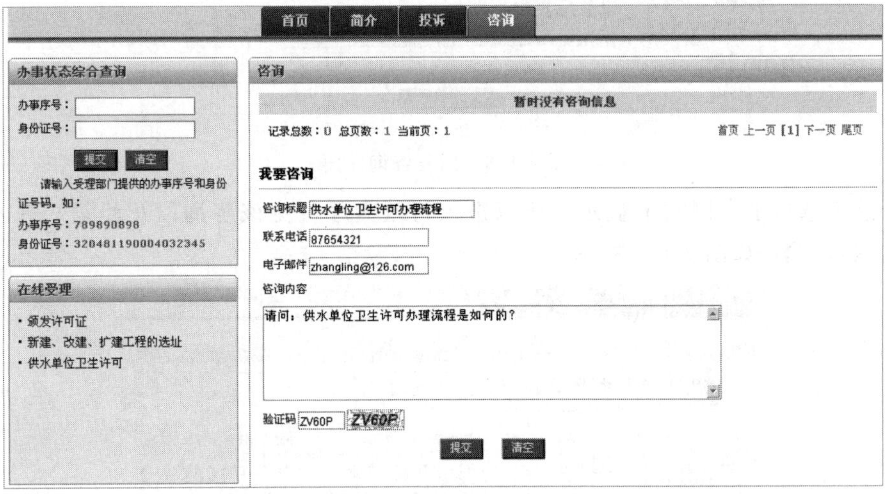

图 7-123　行政大厅咨询界面

查看咨询详情，单击【回复】，如图 7-125 所示。

回复咨询内容，选择是否在网站上显示，单击【确定】，如图 7-126 所示。

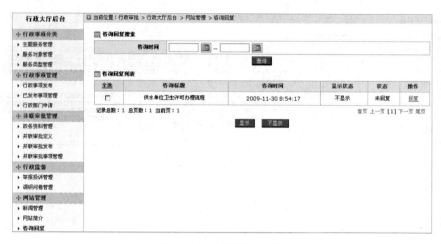

图 7-124　咨询回复界面

图 7-125　查看咨询界面

图 7-126　回复咨询界面

由于这里选择了在网站上显示，所以进入行政大厅可见该咨询以及回复。进入行政大厅，单击【咨询】，如图 7-127 所示。

图 7-127　行政大厅咨询及回复

政府办公系统

政府办公自动化是电子政务解决方案中最核心、最基础的部分,其成功应用与否将影响业务系统的应用和整个电子政务建设的成败。实施政府办公自动化将利于政府部门工作效率的提高,政府管理水平和社会服务水平的提高,政府公正性和廉洁性的加强以及政府资源计划性和有用性的提高。学生通过此项目实验掌握系统管理、工作流管理以及日程管理的方法;掌握信息中心的操作;掌握制订工作计划的方法、过程和工作流程。

实验 8.1 政府办公基本事项处理

一、实验目的

1. 掌握系统管理、工作流管理以及日程管理的方法;
2. 掌握信息中心的操作;
3. 掌握制订工作计划的方法。

二、实验内容和步骤

在电子政务首页选择"政府办公系统",如图 8-1 所示;进入政府办公系统模块,如图 8-2 所示。

图 8-1 模块选择界面

电子政务实验教程

图 8-2 政府办公系统模块登录首页

1. 系统管理

(1) 组织结构管理

进入政府办公系统首页,单击"系统管理员"后的【进入】,进入管理员操作界面。在导航栏中选择"系统管理"下的【组织结构管理】,可以看到系统默认的部门,如图 8-3 所示。

图 8-3 系统默认组织结构

单击【添加】,添加新的部门信息,如图 8-4 所示。

单击【确定】,系统提示操作成功,即成功添加一个部门信息,如图 8-5 所示。

图 8-4 添加组织部门界面

图 8-5 提示操作成功对话框

以同样的方法添加其他部门:党委办和人事办。添加好后单击【查看组织结构图】,可以查看到该局的组织结构图,如图 8-6 所示。

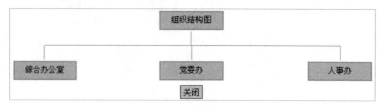

图 8-6 组织结构图

· 132 ·

(2) 职位管理

在导航栏中单击"系统管理"下的【职位管理】，可以看到系统默认的职位，如图 8-7 所示。

图 8-7　系统默认职位

单击【添加】，根据需要添加新的职位信息，如图 8-8 所示。

单击【确定】，系统提示操作成功，如图 8-9 所示，即成功添加一条职位信息。

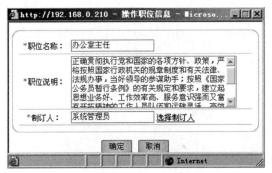

图 8-8　添加新职位界面　　　　图 8-9　提示操作成功对话框

按照同样的方法添加人事科员职位信息。

(3) 角色管理

单击导航栏中"系统管理"下的【角色管理】，可以看到系统默认的角色，如图 8-10 所示。

图 8-10　系统默认角色

单击【添加】，自定义角色信息，如图 8-11 所示。

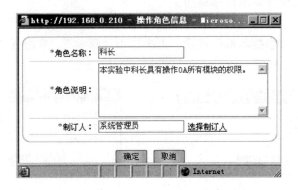

图 8-11　添加新角色对话框

单击【确定】，系统提示操作成功，如图 8-12 所示，即成功添加一个角色信息。
按照同样的方法添加普通科员角色。

（4）人员管理

单击导航栏中"系统管理"下的【人员管理】，可以看到系统默认用户，如图 8-13 所示。

图 8-12　提示操作成功对话框　　　　　图 8-13　系统默认人员

单击【添加】，添加新的用户信息，如图 8-14 所示。

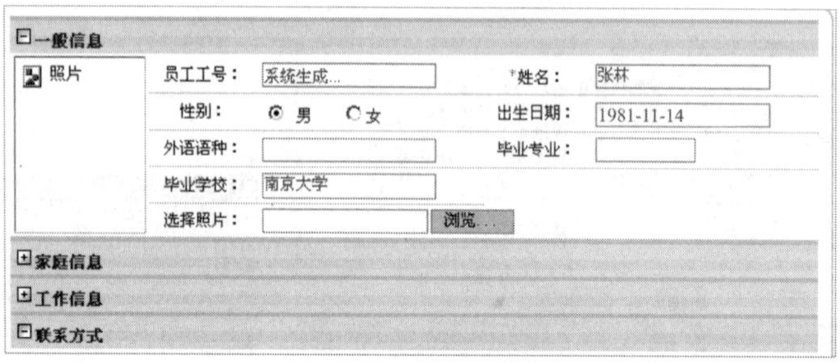

图 8-14　添加新用户界面

单击【保存】，系统提示保存成功，如图 8-15 所示，即成功添加一条用户信息。

以同样的方法添加其他用户：黄琳琳和赵云。用户添加好后需要为他们分配部门、角色和职位（以张林为例）。选中"张林"，单击【部门】，选中要分配给他的部门，如图 8-16 所示。

图 8-15　提示操作成功对话框　　　　　图 8-16　用户分配部门对话框

单击【确定】，系统会提示操作成功。

重新选中"张林"，单击【职位】，为他分配职位，如图 8-17 所示。

单击【确定】，系统会提示操作成功。再次选中"张林"，单击【角色】，为他分配在系统中的角色，如图 8-18 所示。

图 8-17　用户分配职位对话框　　　　　图 8-18　用户分配角色对话框

单击【确定】，系统会提示操作成功。

部门、职位和角色分配好后还要为用户设置操作模块的权限。选中“张林”，单击【授权】，为他授予操作所有模块的权限，如图 8-19 所示，单击【确定】即可。①

(5) 权限字典

单击导航栏中“系统管理”下的【权限管理】，可以看到系统中所有的权限名称，如图 8-20 所示。

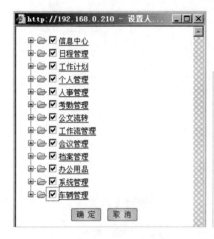

图 8-19　用户授权对话框

权限名称名称	权限描述描述
浏览	浏览(浏览页面信息)
新增	新增
编辑	编辑
删除	删除
打印	打印
下载	下载
审核	审核
授权	授权(包括给用户授权，给角色授权以及给用户分配角色、职位、部门等操作)
申请	申请权限
登记	登记

图 8-20　系统中权限列表

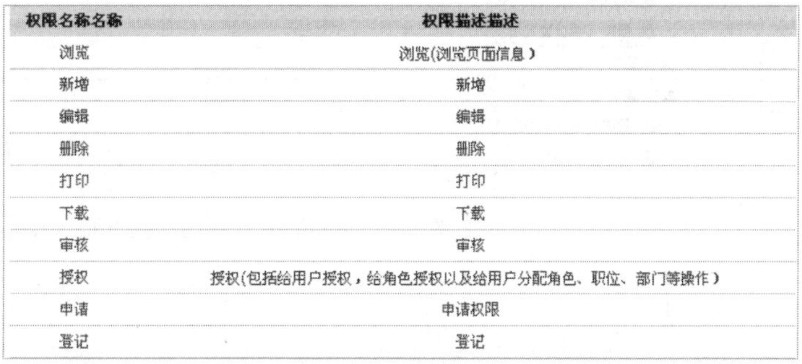

(6) 模块授权

单击导航栏中“系统管理”下的【模块授权】，为系统中模块授权②，如图 8-21 所示。

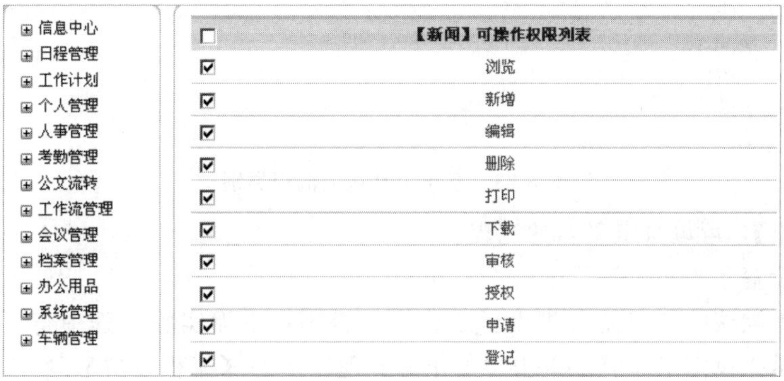

图 8-21　系统模块授权界面

单击页面右下角【切换用户】，返回该模块首页，可以看到添加的部门和用户，如图 8-22 所示。

2. 工作流管理

在模块首页单击“张林“后【进入】，进入张林办公桌面。

① 这里对于用户信息的添加仅以张林为例，其他用户（黄琳琳和赵云）信息添加操作步骤相同，请读者自行编写。

② 为一个模块授予操作权限后，当用户操作该模块时，他即可对该模块作这些操作。系统默认的是每个模块都具有所有的可操作权限，这里使用系统默认的。

（1）流程类别

单击导航栏中“工作流管理”下的【流程类别】，可以看到系统中默认的流程类别，如图 8-23 所示。

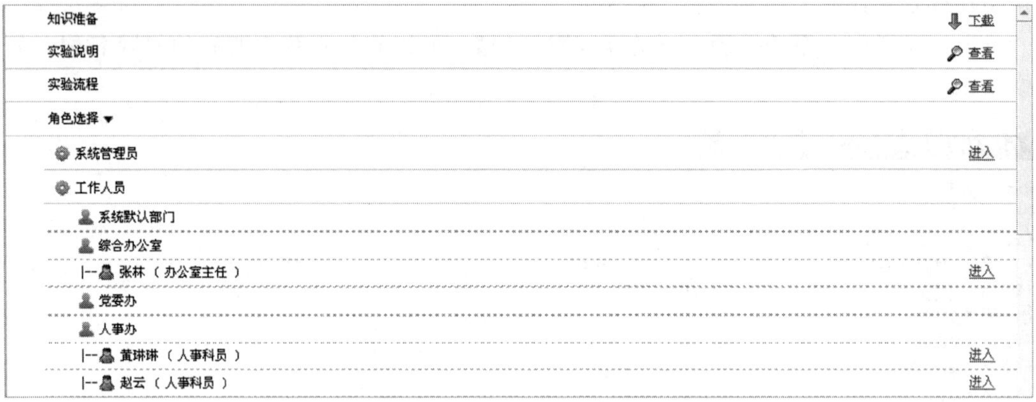

图 8-22　政府办公系统模块首页（添加用户后）

新增　删除

选择	名称	说明	登记人	申请类型	操作
□	请假	1111111111111111111111111111111111111111111111	黄琳琳	系统	编辑
□	加班	2222222222222222222222222222222222222222222222	系统管理员	系统	编辑
□	销假		系统管理员	系统	编辑
□	用车			系统	编辑
□	办公用品领用			系统	编辑
□	办公用品采				

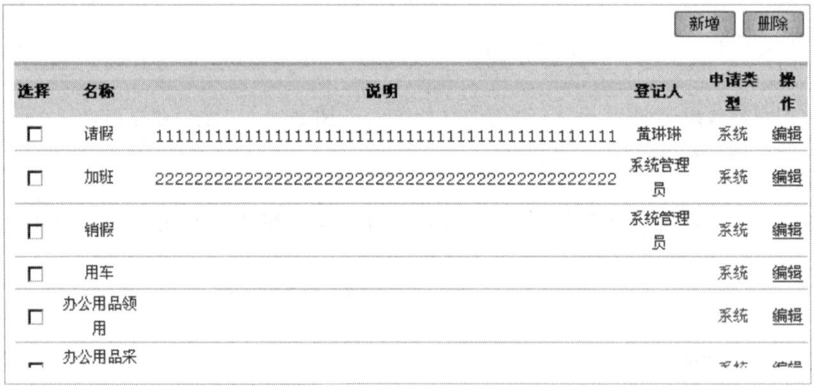

图 8-23　系统中默认的流程类别

单击【新增】，可以自定义新的流程。

（2）流程设置

对于系统中默认的流程需要先设置工作流，否则在下面实验过程中将不能进行相关操作，系统会提示未设定工作流。单击“工作流管理”下的【流程设置】，在右边页面选择要设置的流程类别名称（这里仅以请假类别为例），如图 8-24 所示。

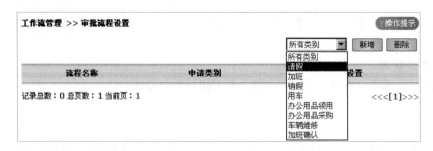

图 8-24　选择流程类别

单击【新增】,填写流程名称,如图 8-25 所示。

图 8-25 审批流程设置界面

单击【保存】,系统会提示操作成功,如图 8-26 所示。
单击【确定】,可以看到添加的流程列表,如图 8-27 所示。

图 8-26 提示操作成功对话框　　　　　　图 8-27 添加的流程列表

单击【审批点设置】后单击【新增】,对审批点进行设置,如图 8-28 所示。

图 8-28 审批点设置界面

设置好后单击【保存】,系统会提示保存成功。
(3) 事务审批
下面实验过程中,要审批的流程(维修申请和用车申请)需要在此处审批。
(4) 事务登记
下面实验过程中,用车审批过后需要在此登记,具体操作步详见实验 8.2 中"车辆管理"中的"里程补贴"部分。

3. 信息中心

（1）新闻

单击导航栏中"信息中心"下的【新闻】，在右边页面单击【添加】，添加新闻类别，如图 8-29 所示。

图 8-29 新闻类别添加界面

单击【提交】，系统会提示操作成功。

（2）新闻管理

单击"新闻中心"下的【新闻管理】，在右边页面单击【添加】，添加新闻内容，如图 8-30 所示。

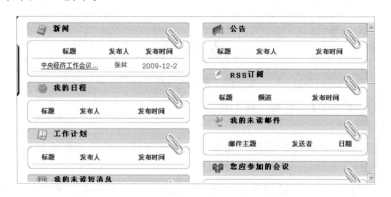

图 8-30 添加新闻内容界面

单击【提交】，系统会提示操作成功。单击页面上方的 ①，在张林桌面首页可以看到添加的新闻，如图 8-31 所示。

图 8-31 办公桌面首页（有新闻内容）

---

① 也可以单击【切换用户】后重新进入张林桌面，下面都可以通过这两种方法进入张林桌面首页。

新闻的内容是单位内部共享的，进入其他人桌面也可以看到该条新闻。
(3) 公告
单击"新闻中心"下的【公告】，在右边页面单击【添加】，添加公告内容，如图 8-32 所示。

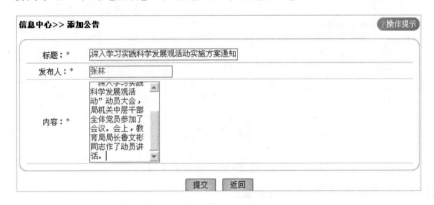

图 8-32　添加公告界面

单击【提交】，系统会提示操作成功。在张林办公桌面首页可以看到公告信息，如图 8-33 所示。

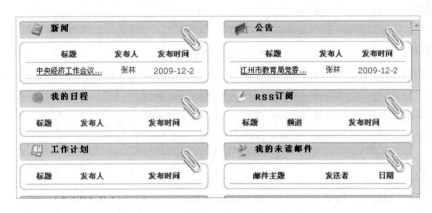

图 8-33　办公桌面首页（有公告内容）

公告内容在单位内部也是共享的，其他人进入桌面也可以看到公告内容。
(4) 公告管理
单击"信息中心"下的【公告管理】，可以看到已有的公告列表，如图 8-34 所示。

图 8-34　已有的公告列表

单击【编辑】，编辑公告内容。单击【启用】，公告的状态变为"禁用"，此时桌面上公告栏中不再显示该条公告。

(5) RSS[①] 订阅

单击"信息中心"下的【RSS 订阅】，在右边页面单击【RSS 频道】，然后单击【添加】，添加 RSS 信息，如图 8-35 所示。

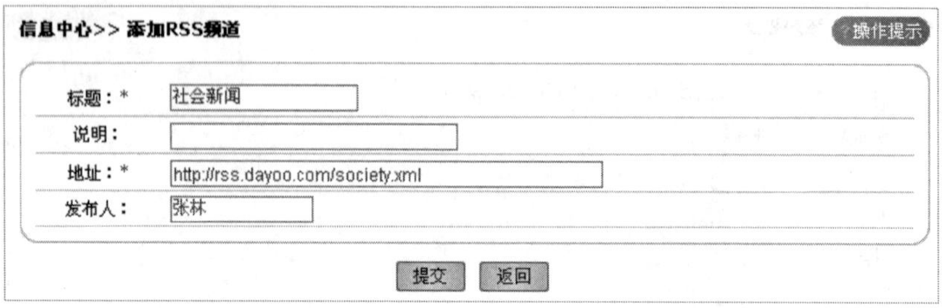

图 8-35 添加 RSS 频道界面

这里提供一些可供添加的 RSS 频道地址：
国内新闻：http：//www.naivix.com/china/rss.xml
国外新闻：http：//www.naivix.com/world/rss.xml
体育新闻：http：//www.naivix.com/sports/rss.xml
娱乐新闻：http：//www.naivix.com/ent/rss.xml
IT 新闻：http：//www.naivix.com/it/rss.xml
广东新闻：http：//www.naivix.com/gd/rss.xml
上海新闻：http：//www.naivix.com/shanghai/rss.xml
北京新闻：http：//www.naivix.com/beijing/rss.xml
财经新闻：http：//www.naivix.com/finance/rss.xml
社会新闻：http：//www.naivix.com/shehui/rss.xml
笑话：http：//www.naivix.com/joke/rss.xml
军事新闻：http：//www.naivix.com/mil/rss.xml
杭州新闻：http：//www.naivix.com/hangzhou/rss.xml
南京新闻：http：//www.naivix.com/nanjing/rss.xml
汽车新闻：http：//www.naivix.com/car/rss.xml
手机新闻：http：//www.naivix.com/mobile/rss.xml
重庆新闻：http：//www.naivix.com/cq/rss.xml
四川新闻：http：//www.naivix.com/sc/rss.xml
湖南新闻：http：//www.naivix.com/hn/rss.xml

单击【提交】，系统会提示操作成功。进入张林或者其他用户桌面首页将能看到 RSS 订阅新闻[②]，如图 8-36 所示。

[①] RSS 是站点用来和其他站点之间共享内容的一种简易方式（也叫聚合内容），通常被用于新闻网站。一段项目的介绍可能包含新闻的全部介绍，或者仅仅是内容提要。这些项目的链接通常都能链接到内容全文。网络用户可以在客户端借助于支持 RSS 的新闻聚合工具软件（如看天下、博阅），在不打开网站内容页面的情况下阅读支持 RSS 的网站内容。网站提供 RSS 输出，有利于让用户发现网站内容的更新。

[②] 这些新闻是实时更新的。

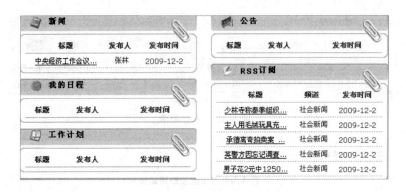

图 8-36　办公桌面界面（添加 RSS 后）

(6) 调查

单击"信息中心"下的【调查】，在右边页面单击【添加】，系统会提示先添加调查类别。添加调查类别名称，如图 8-37 所示。

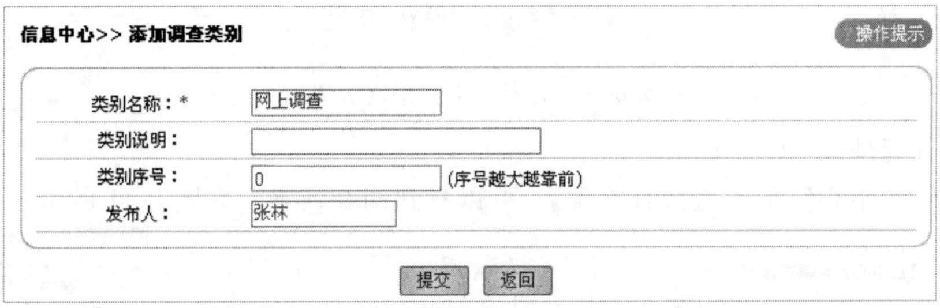

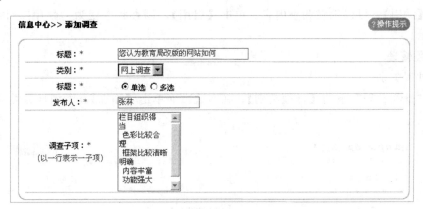

图 8-37　添加调查类别界面

单击【提交】，系统会提示操作成功。

重新单击"信息中心"下的【调查】，然后单击【添加】，添加调查的详细内容，如图 8-38 所示。

图 8-38　添加调查详细内容界面

单击【提交】，系统会提示操作成功。

重新单击"信息中心"下的【调查】，将能看到调查列表，如图 8-39 所示。

单击标题名称，可以查看调查详细内容并参与投票，如图 8-40 所示。

图 8-39　调查列表

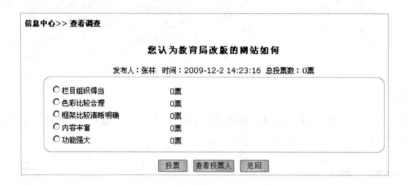

图 8-40　显示调查详细内容界面

(7) 调查管理

单击"信息中心"下的【调查管理】，可以看到调查列表，如图 8-41 所示。

图 8-41　调查列表

单击【编辑】，可以编辑调查内容。单击【启用】，调查状态变为"禁用"，该调查内容将不再显示。

4．日程管理

(1) 日程类别

单击"日程管理"下的【日程类别】，在右边页面单击【添加】，添加日程类别名称，如图 8-42 所示。

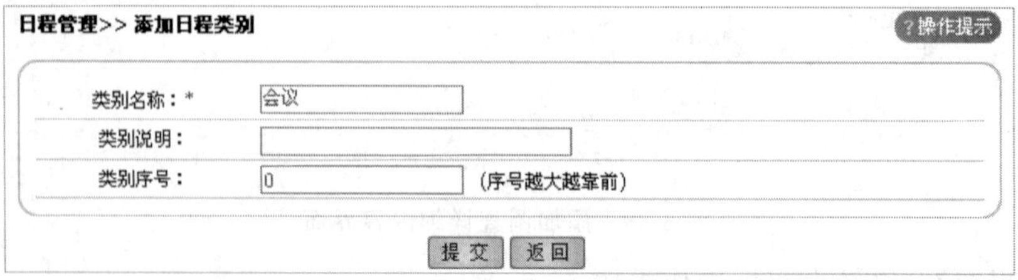

图 8-42　添加日程类别界面

单击【提交】，系统会提示操作成功。

(2) 我的日程

单击"日程管理"下的【我的日程】,可以看到如图 8-43 所示界面。

图 8-43 我的日程管理界面

单击【添加】,添加日程内容,如图 8-44 所示。

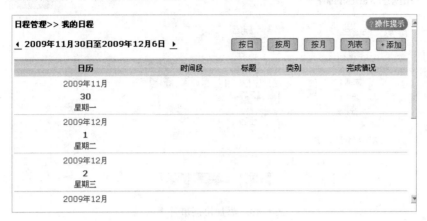

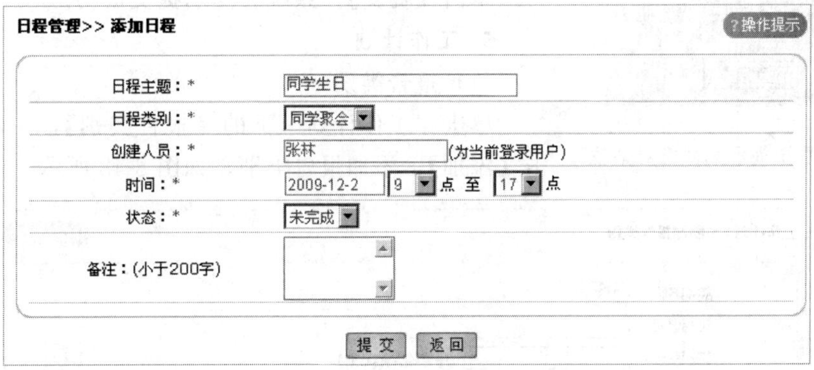

图 8-44 添加日程界面

单击【提交】,系统会提示操作成功。进入张林桌面首页可以看到该日程内容,如图 8-45 所示。

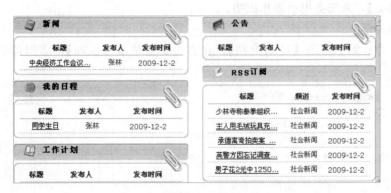

图 8-45 办公桌面首页(有日程内容)

(3) 协同事件

单击"信息中心"下的【协同事件】,在右边页面单击【添加】,添加协同事件内容,如

图 8-46 所示。

图 8-46 添加协同事件界面

单击【检查冲突】，检查该协同事件与其他协作人员是否有日程冲突，系统提示无冲突时则可以提交，如图 8-47 所示。

单击【提交】，系统会提示提交成功。

5. 工作计划

（1）报告类别

单击"工作计划"下的【报告类别】，在右边页面单击【添加】，添加报告类别，如图 8-48 所示。

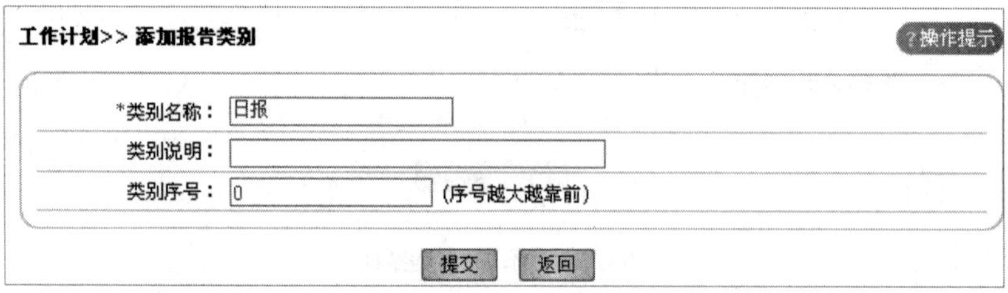

图 8-47 系统提示无冲突对话框

图 8-48 添加报告类别界面

单击【提交】，系统会提示操作成功。

（2）计划类别

单击"工作计划"下的【计划类别】，在右边页面单击【添加】，添加计划类别，如图 8-49 所示。

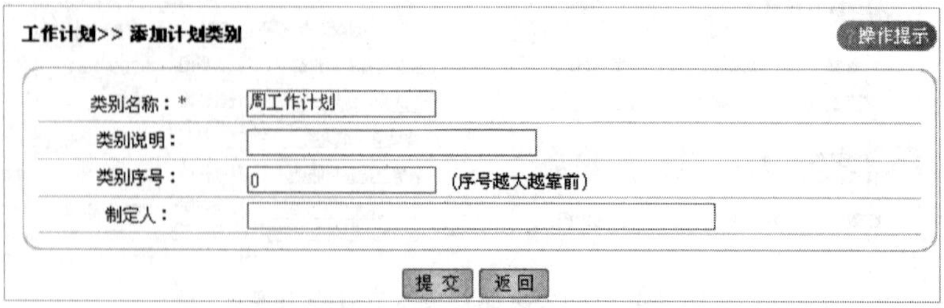

图 8-49 添加计划类别界面

单击【提交】，系统会提示操作成功。

（3）我的计划[1]

单击"工作计划"下的【我的计划】，在右边页面单击【添加】，添加工作计划内容，如图 8-50 所示。

单击【提交】，系统会提示操作成功。

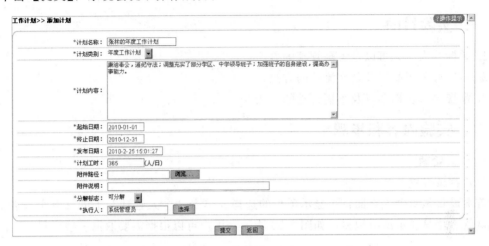

图 8-50　添加计划内容界面

（4）部门计划

单击"工作计划"下的【部门计划】，查看本部门人员的工作计划，如图 8-51 所示。

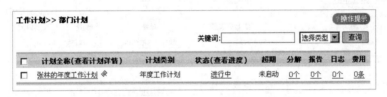

图 8-51　部门计划列表

（5）全部工作计划

单击"工作计划"下的【全部工作计划】，查看单位所有部门人员工作计划[2]，如图 8-52 所示。

图 8-52　全部工作计划列表

---

[1]　"我的计划"中包括自己制订的工作计划和别人安排给我的工作计划；"部门计划"为我所在部门所有员工的工作计划；"全部计划"包括单位所有人的工作计划。

[2]　因为这里只添加了一条工作计划，所以部门工作计划和全部工作计划中的内容相同。

实验 8.2 政府办公系统中的其他操作

一、实验目的

1. 掌握个人、人事以及考勤管理的方法；
2. 掌握办公用品以及公文流转的方法；
3. 掌握会议、档案以及车辆管理的方法。

二、实验内容和步骤

1. 个人管理

（1）首页设置

首页设置是对个人桌面首页显示项目的选择。单击"个人管理"下的【首页设置】，系统默认的选择是显示所有项目，如图8-53所示，用户可以根据需要取消一些项目。

图 8-53 桌面首页设置

（2）个人通讯录

个人通讯录中保存的是张林自己常联系的人的联系方式。选择"个人管理"下的【个人通讯录】，在右边页面单击【添加】，添加联系人信息，如图8-54所示。

图 8-54 个人通讯录添加界面

单击【保存】,系统会提示操作成功。
(3) 公共通讯录

公共通讯录中保存的是单位职工的联系方式。单击"个人管理"下的【公共通讯录】,在右边页面单击【添加】,添加单位职工[①]联系方式,如图 8-55 所示。

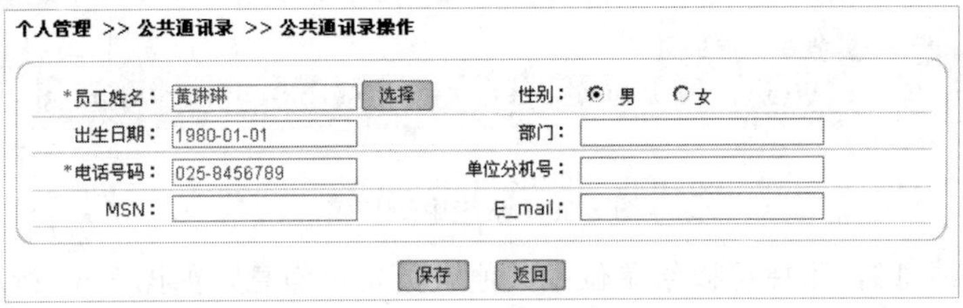

图 8-55 公共通讯录添加界面

单击【保存】,系统会提示操作成功。
(4) 邮件管理

单击"个人管理"下的【邮件管理】,在右边页面可以看到个人邮箱,如图 8-56 所示。

图 8-56 系统中个人邮箱

单击【写新邮件】,张林可以给单位中其他人员发送邮件,如图 8-57 所示。

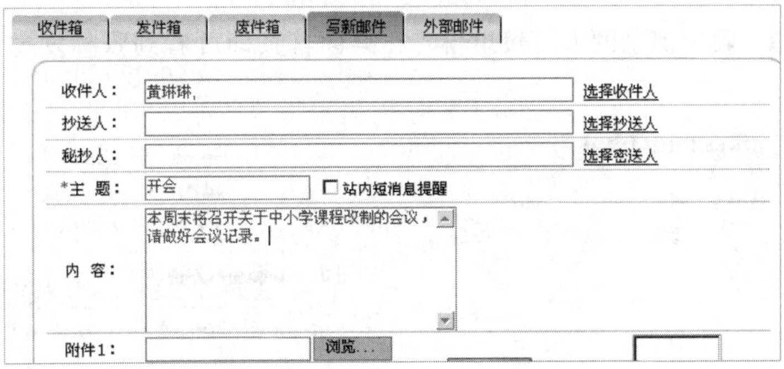

图 8-57 发送邮件界面

---

① 这里只能添加实验时添加的人员联系方式。

单击【发送】，收邮件的人（黄琳琳）在桌面首页将能看到发送过来的邮件，如图 8-58 所示。

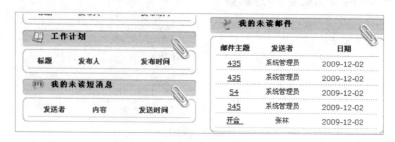

图 8-58　桌面首页（有未读邮件）

单击张林【收件箱】，可以看到其他人员发给他的邮件。

(5) 内部短信

单击"个人管理"下的【内部短信】，在右边页面可以看到短信箱，如图 8-59 所示。

图 8-59　系统中短信箱

单击【写新消息】，张林可以给单位中其他人员发短消息，如图 8-60 所示。

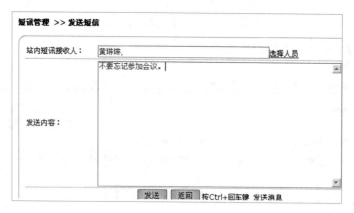

图 8-60　发送短信界面

单击【发送】，收短消息的人（黄琳琳）在桌面首页即可看到张林发过来的短消息，如图 8-61 所示。

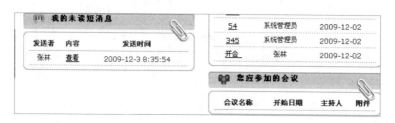

图 8-61　桌面首页（有短消息）

张林在短信箱中单击【我的消息】，可以查看其他人发给他的短消息。

（6）个人维护

单击“个人管理”下的【个人维护】，张林可以对自己的个人信息作一些修改，如图 8-62 所示。

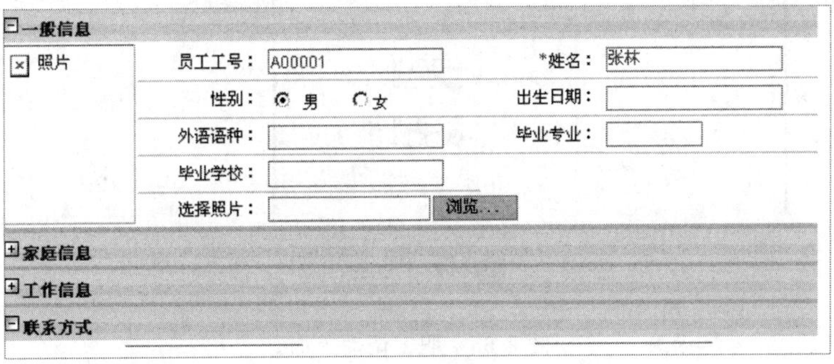

图 8-62　修改个人信息界面

修改好后单击【保存】即可。

2. 人事管理

（1）人事档案

单击“人事管理”下的【人事档案】，可以看到单位所有职工的档案信息，如图 8-63 所示。

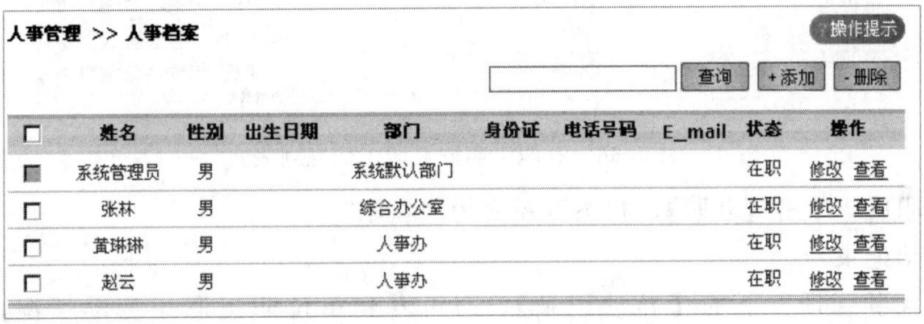

人事管理 >> 人事档案　　操作提示

查询　+添加　-删除

	姓名	性别	出生日期	部门	身份证	电话号码	E_mail	状态	操作
	系统管理员	男		系统默认部门				在职	修改 查看
	张林	男		综合办公室				在职	修改 查看
	黄琳琳	男		人事办				在职	修改 查看
	赵云	男		人事办				在职	修改 查看

图 8-63　职工档案信息列表

单击【修改】，可以对职工的信息作一些修改。

（2）调动分配

单击“人事管理”下的【调动分配】，可以看到单位职工信息列表，如图 8-64 所示。

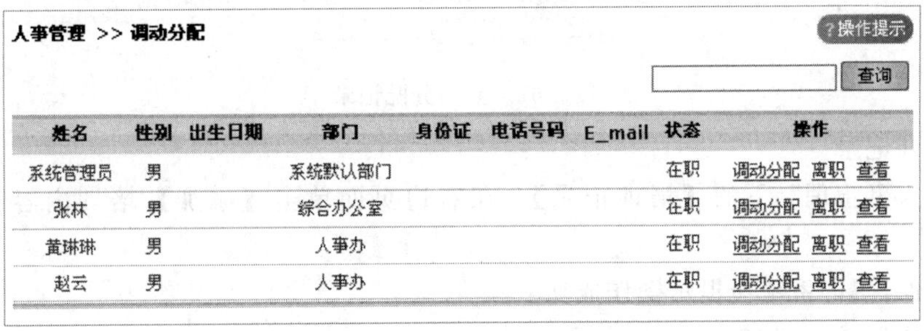

人事管理 >> 调动分配　　操作提示

查询

姓名	性别	出生日期	部门	身份证	电话号码	E_mail	状态	操作
系统管理员	男		系统默认部门				在职	调动分配 离职 查看
张林	男		综合办公室				在职	调动分配 离职 查看
黄琳琳	男		人事办				在职	调动分配 离职 查看
赵云	男		人事办				在职	调动分配 离职 查看

图 8-64　调动分配前职工信息列表

单击"赵云"后的【调动分配】,将赵云调到党委办,如图 8-65 所示。

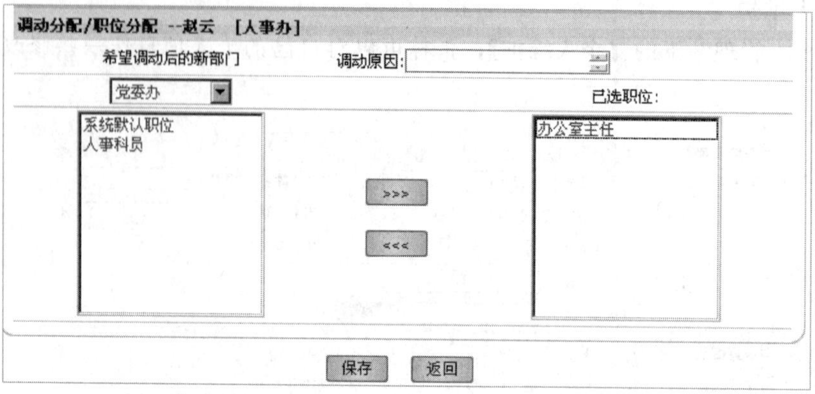

图 8-65 职工调动界面

单击【保存】,系统会提示操作成功。

单击职工后的【离职】,职工状态变为"离职",如图 8-66 所示,该职工即成功离职。

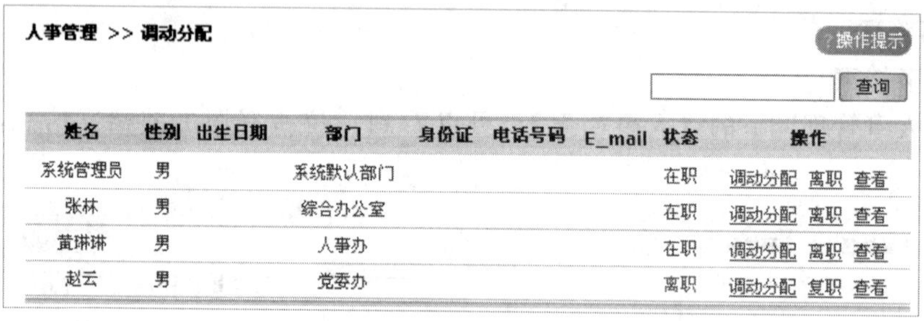

图 8-66 有职工离职后职工信息列表

职工离职后,单击【复职】,状态重新变为"在职"。

(3) 异动记录

单击"人事管理"下的【异动记录】,即可看到单位职工职位变动情况,如图 8-67 所示。

图 8-67 异动分配记录

(4) 培训记录

单击"人事管理"下的【培训记录】,在右边页面单击【添加】培训内容,如图 8-68 所示。

单击【保存】,系统会提示操作成功。

(5) 奖惩记录

单击"人事管理"下的【奖惩记录】,在右边页面单击【添加】,添加奖惩内容,如图

8-69所示。

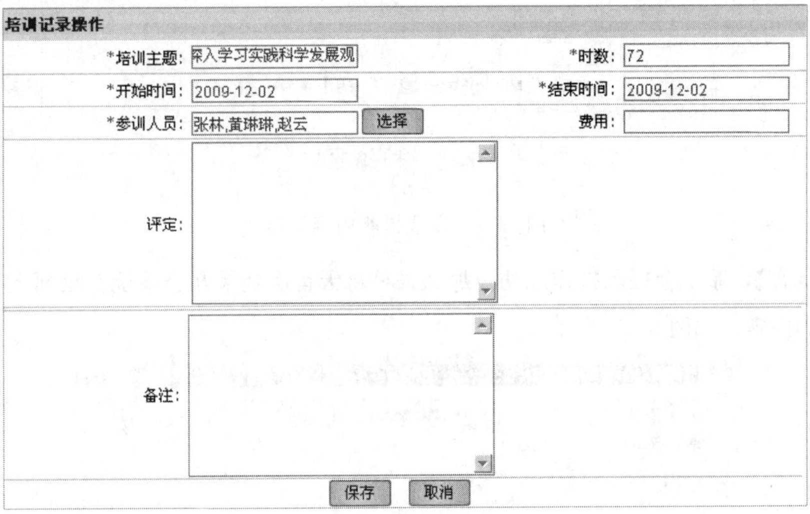

图 8-68　添加培训记录界面

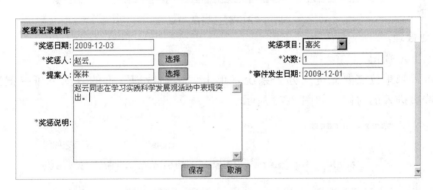

图 8-69　添加奖惩内容界面

单击【保存】,系统会提示操作成功。

(6) 考核记录

单击"人事管理"下的【考核记录】,添加考核内容,如图 8-70 所示。

图 8-70　添加考核内容界面

单击【保存】,系统会提示操作成功。

(7) 提醒设置

单击"人事管理"下的【提醒设置】,设置提醒内容,如图 8-71 所示。

图 8-71 设置提醒内容界面

单击【保存】,系统会提示操作成功。那么张林每天首次登录办公系统在桌面上单击 ,就能看到提醒的内容,如图 8-72 所示。

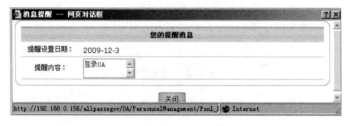

图 8-72 消息提醒对话框

3. 考勤管理

(1) 上下班登记

张林每天来单位需要先进入办公系统,单击"考勤管理"下的【上下班登记】[1],系统会记录他首次进入的时间,如图 8-73 所示。

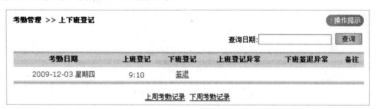

图 8-73 上下班登记界面

下班走时需要在"上下班登记"里单击【签退】,系统记录他下班时间。单击【上周考勤记录】,可以查看他上周上下班时间。这些将是人事考勤的依据。

(2) 假别设置

单击"人事管理"下的【假别设置】,在右边页面单击【添加】,添加假别种类,如图 8-74 所示。

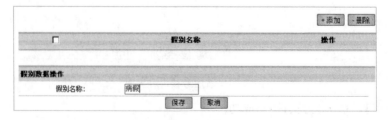

图 8-74 添加假别界面

---

[1] 也可以单击页面上方 进行上下班登记。

单击【保存】,系统会提示操作成功。

(3) 请假销假[1]

单位职工如果需要请假首先要提交请假申请。单击"考勤管理"下的【请假销假】,在右边页面单击【添加】,填写请假内容[2],如图8-75所示。

图8-75　填写请假内容界面

单击【提交】,系统会提示操作成功。

(4) 加班确认[3]

单击"考勤管理"下的【加班确认】,在右边页面单击【添加】,填写加班申请[4],如图8-76所示。

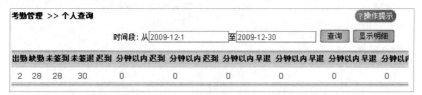

图8-76　加班确认界面

单击【提交】,系统会提示提交成功。

(5) 个人查询

单击"考勤管理"下的【个人查询】,在右边页面选择时间段,单击【查询】,即可查看到这段时间内张林个人考勤数据,如图8-77所示。

图8-77　个人考勤记录

---

[1] 要确保之前已设置过请假工作流。
[2] 注意:填写时间时必须是在英文输入状态下,否则系统会提示输入时间格式不对。
[3] 要确保已经设置过该工作流程。
[4] 这里填写时间时必须是在英文输入状态下。

(6) 全部查询

单击"考勤管理"下的【全部查询】,可以看到系统中所有部门职工信息列表,如图 8-78 所示。

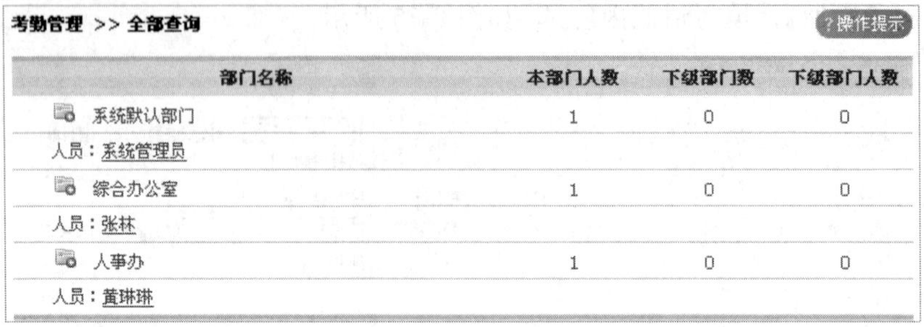

图 8-78 全部查询界面

单击欲查询的职工名称即可看到该职工本月考勤记录。

(7) 设休息日

单击"考勤管理"下的【设休息日】,设置本单位的休息日,如图 8-79 所示。

图 8-79 设置休息日界面

设置好后单击【保存】,系统会提示保存成功。

(8) 上下班设置

单击"考勤管理"下的【参数设置】,设置单位上下班及迟到早退时间规定①,如图 8-80 所示。

图 8-80 参数设置界面

---

① 输入时间时要确保在英文输入状态下,否则系统会提示输入时间格式不对。

单击【保存】,系统会提示保存成功。
4. 公文流转
(1) 密级管理

单击"公文流转"下的【密级管理】,在右边页面单击【添加】,添加密级种类,如图 8-81 所示。

图 8-81 密级添加界面

单击【提交】,系统会提示提交成功。

(2) 类别管理

单击"公文流转"下的【类别管理】,添加公文类别,如图 8-82 所示。

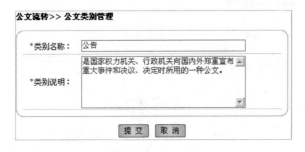

图 8-82 公文类别添加界面

单击【提交】,系统会提示提交成功。

(3) 归档类别

单击"公文流转"下的【归档类别】,在右边页面单击添加,添加公文归档类别,如图 8-83 所示。

图 8-83 归档类别添加界面

单击【提交】,系统会提示操作成功。

(4) 公文模板

单击"公文流转"下的【公文模板】,在右边页面单击【添加】,添加公文模板内容,如

图 8-84 所示。

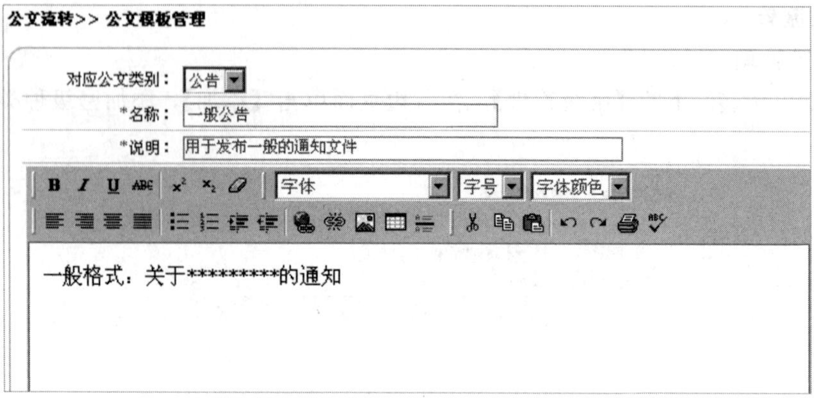

图 8-84 添加公文模板界面

单击【提交】,系统会提示操作成功。
(5) 办理定义

单击"公文流转"下的【办理定义】,在右边页面单击【添加】,添加公文办理名称,如图 8-85 所示。

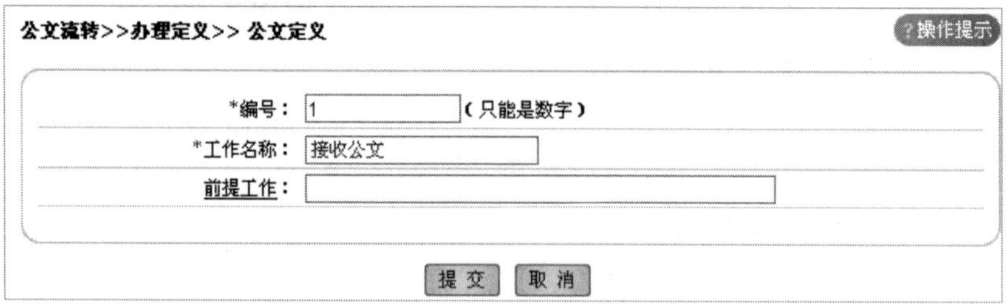

图 8-85 公文办理定义界面

单击【提交】,系统会提示操作成功。
(6) 流程模板

单击"公文流转"下的【流程模板】,在右边页面单击【添加】,设置公文办理流程,如图 8-86 所示。

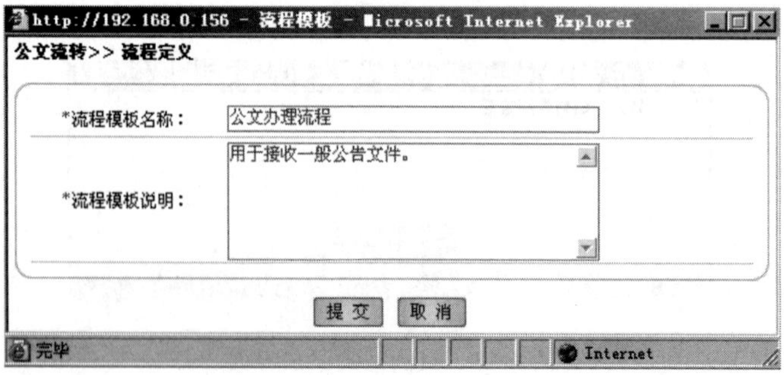

图 8-86 设置公文流程界面

单击【提交】,系统会提示提交成功。单击流程名后的【设置工作点】,为该流程设置工作点,如图 8-87 所示。

单击【插入工作点】，填写工作点相关信息，如图 8-88 所示。

图 8-87　插入工作点界面　　　　　　图 8-88　工作点管理界面

单击【提交】，系统会提示提交成功。
（7）发文拟制

单击"公文流转"下的【发文拟制】，在右边页面单击【拟制公文】，添加公文内容，如图 8-89 所示。

图 8-89　公文内容添加界面

单击【保存】，系统会提示保存成功。
单击【定制工作流程】，选择工作流程种类，如图 8-90 所示。

图 8-90　流程定义界面

单击【套用】,系统会提示操作成功。单击【返回】,返回公文拟制页面,如图 8-91 所示。

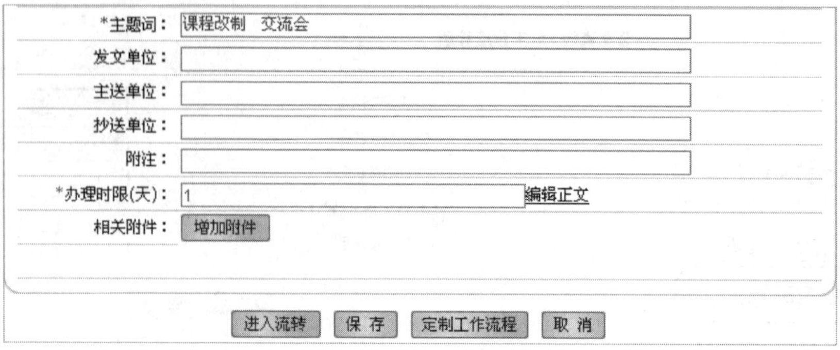

图 8-91 公文拟制界面

单击【保存】,待系统提示操作成功后,单击【进入流转】,即可开始办理公文。

(8) 公文办理

只有在设置流程模板时选择的用户才能办理公文。单击"公文流转"下的【公文办理】,可以看到待办理的公文列表,如图 8-92 所示。

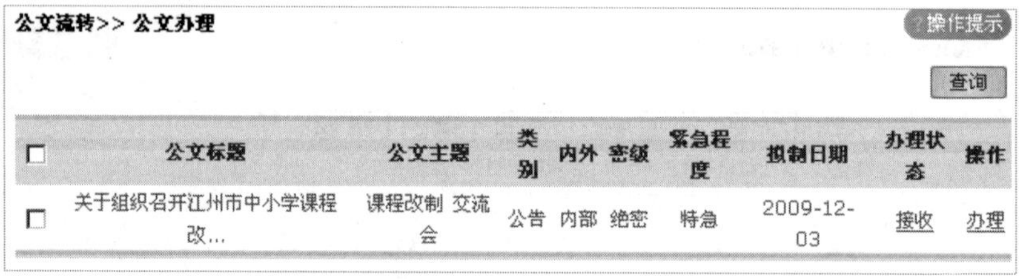

图 8-92 待办理的公文列表

单击【办理】查看公文详细内容,如图 8-93 所示。

图 8-93 公文详细内容查看界面

单击【保存】后单击【流转下级】，系统会提示操作成功，即公文办理结束，可以归档。
（9）归档销毁
单击"公文流转"下的【归档销毁】，可以看到待归档的公文列表，如图 8-94 所示。

图 8-94 待归档的公文列表

单击【归档】，将办理好的公文归档，如图 8-95 所示。

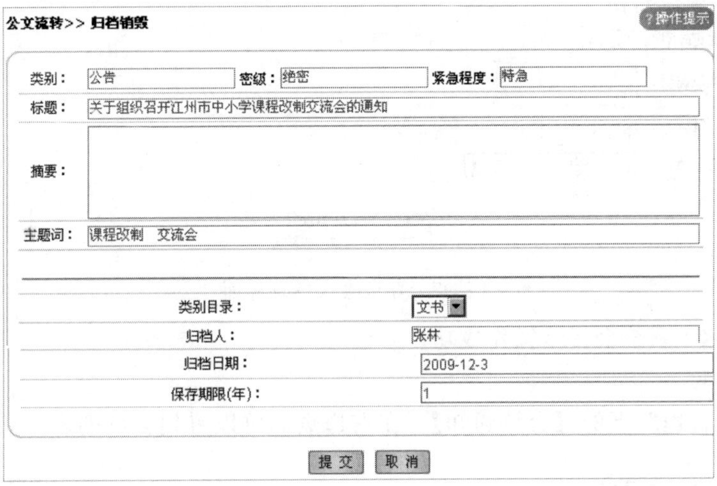

图 8-95 公文归档界面

单击【提交】，系统会提示操作成功。
如果归档时"保存期限"为 0 年，则单击公文后的【销毁】，系统会提示操作成功。否则不能销毁公文，系统会提示尚在保管期内。

5．会议管理

（1）会议室管理
单击"会议管理"下的【会议室管理】，在右边页面单击【添加】，添加会议室信息，如图 8-96 所示。

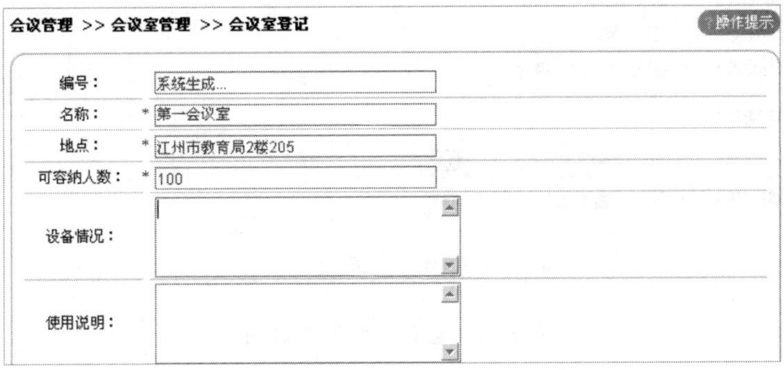

图 8-96 添加会议室信息界面

单击【保存】，系统会提示保存成功。
(2) 会议登记
单击"会议管理"下的【会议登记】，在右边页面单击【添加】，登记会议信息，如图8-97所示。

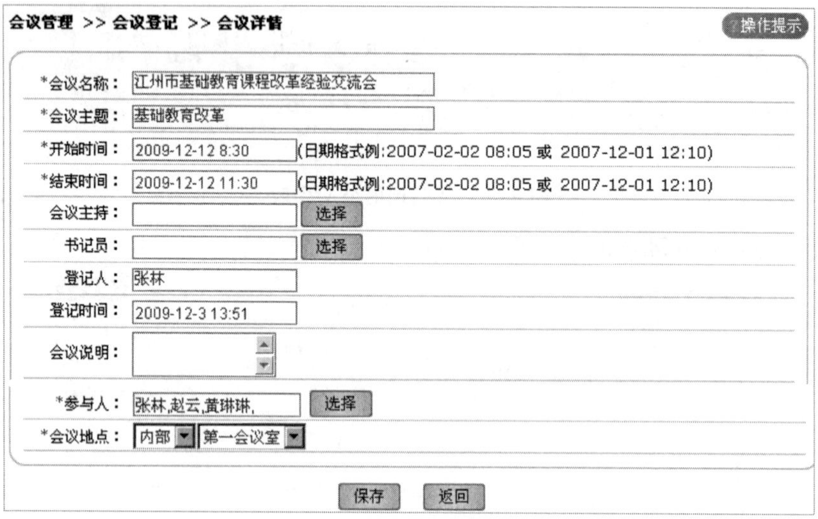

图 8-97　登记会议信息界面

单击【保存】，系统会提示操作成功。
(3) 会议通知
单击"会议管理"下的【会议通知】，在右边页面可以看到会议列表，如图8-98所示。

图 8-98　会议列表

单击【发布会议通知】，填写通知内容，如图8-99所示。

图 8-99　会议通知发布界面

单击【发布】,系统提示发布成功。在桌面首页相应位置将能看到该通知。
(4) 会议室查询
单击"会议管理"下的【会议室查询】,右边页面可以看到会议室列表,如图 8-100 所示。

图 8-100　会议室查询界面

单击【显示】,将能看到该会议室预定情况,如图 8-101 所示。

图 8-101　会议室预定情况查询

(5) 会议纪要
单击"会议管理"下的【会议纪要】,右边页面显示会议信息列表,如图 8-102 所示。

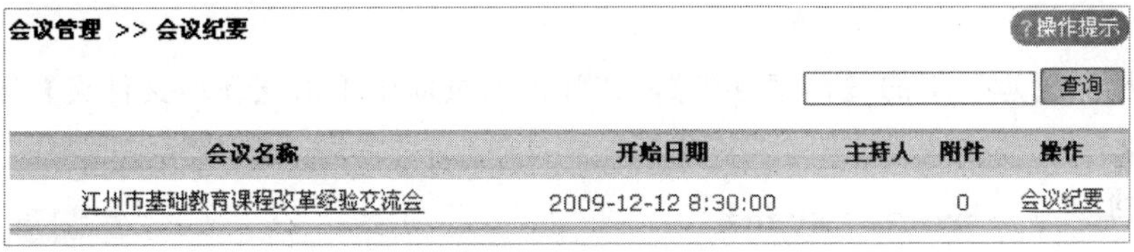

图 8-102　会议纪要界面

单击【会议纪要】,填写会议纪要内容,如图 8-103 所示。

图 8-103　显示会议纪要详细信息界面

单击【保存】,系统会提示操作成功。

(6) 会议信息

单击"会议管理"下的【会议信息】,右边页面将显示会议信息列表,如图 8-104 所示。

图 8-104　会议信息列表

单击【查看】,查看该会议详细信息,如图 8-105 所示。

图 8-105　查看会议详细内容界面

6. 档案管理

(1) 档案管理

单击"档案管理"下的【档案管理】,在弹出的页面中单击【新增文件夹】,添加档案文件夹,如图 8-106 所示。

图 8-106　新增文件夹界面

单击【保存】,系统会提示操作成功。选择一个文件夹后单击【新增文件】,填写文件详细信息,如图 8-107 所示。

单击【保存】,系统会提示操作成功。

单击文件后 ✕ 删除该文件,如图 8-108 所示,删除的文件在"回收站"中可以查看到。

图 8-107　添加文件详细信息界面

图 8-108　文件信息列表

（2）档案搜索

单击"档案管理"下的【档案搜索】，在右边页面中输入搜索条件。单击【立即搜索】，即能搜索到相应文件，如图 8-109 所示。

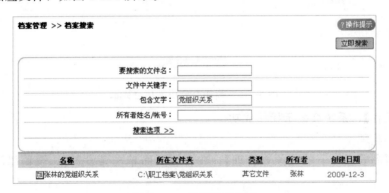

图 8-109　档案搜索界面

（3）回收站

单击"档案管理"下的【回收站】，可以看到回收站中的内容，如图 8-110 所示。

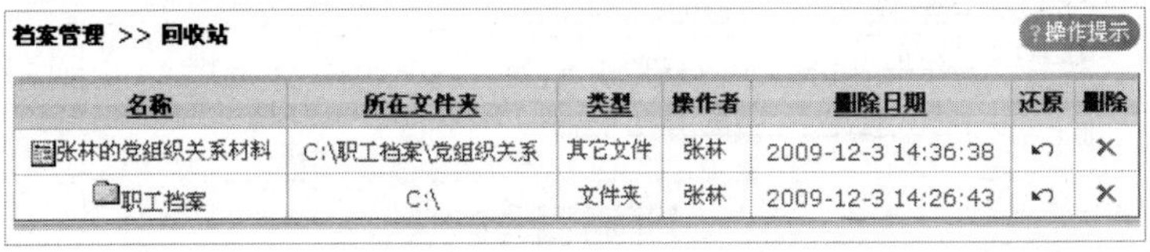

图 8-110　回收站内容

单击 ↩ 可以将回收站中的内容还原到原来的位置,单击 ✖ 则彻底删除文件。

7. 办公用品

(1) 用品管理

单击"办公用品"下的【用品管理】,在右边页面单击【添加】,系统会先提示添加用品种类,如图 8-111 所示。

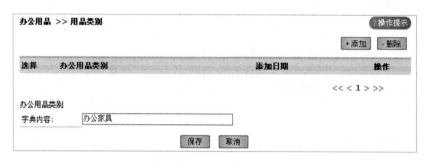

图 8-111 添加办公用品类别界面

单击【保存】,系统会提示操作成功。重新单击【用品管理】,在右边页面单击【入库】,填写办公用品信息,如图 8-112 所示。

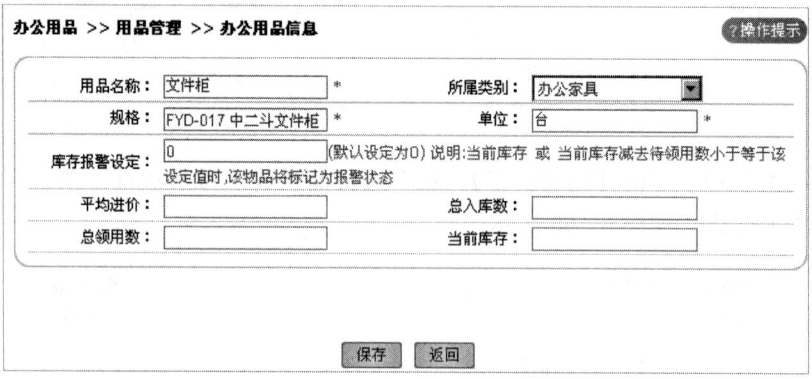

图 8-112 添加办公用品信息界面

单击【保存】,系统会提示操作成功。

(2) 预算管理

单击"用品管理"下的【预算管理】,在右边页面单击【设置】,设置部门预算,如图 8-113 所示。

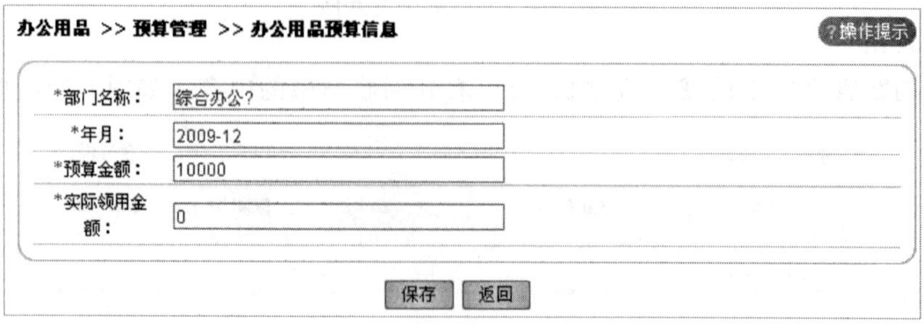

图 8-113 设置部门预算界面

单击【保存】,系统会提示操作成功。

(3) 用品采购

单击"办公用品"下的【用品采购】,在右边页面单击【添加】,进入用品采购页面,如图 8-114 所示。

图 8-114　添加采购单信息界面

单击【选择办公用品】,将弹出如图 8-115 所示页面。

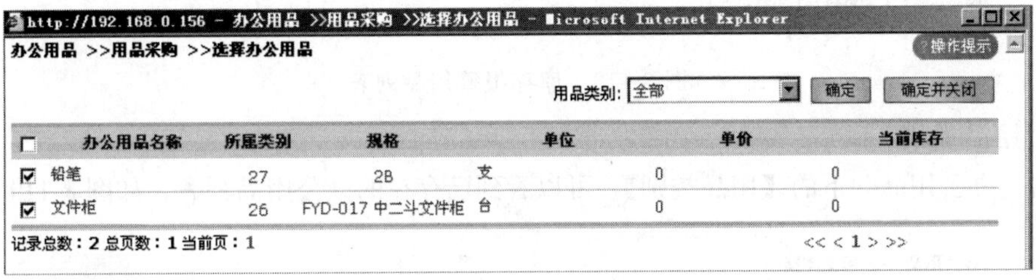

图 8-115　选择办公用品界面

选择办公用品种类,单击【确定】[①],确定采购数量。单击【确定并关闭】,返回采购页面。

(4) 用品统计

单击"办公用品"下的【用品统计】,可以看到用品采购统计信息,如图 8-116 所示。

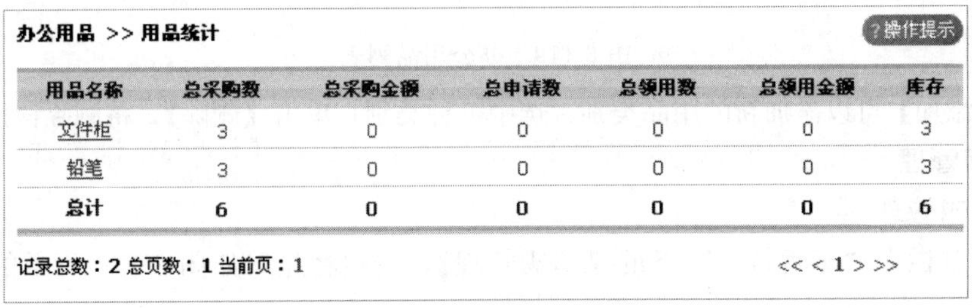

图 8-116　办公用品统计界面

(5) 部门统计

单击"办公用品"下的【部门统计】,可以查看到各部门采购预算信息,如图 8-117 所示。

---

① 　单击一次【确定】,采购数量将增加 1。

图 8-117　部门统计界面

（6）库存报警①

单击"办公用品"下的【库存报警】，可以看到出现库存报警用品列表，如图 8-118 所示。

图 8-118　库存报警用品列表

（7）用品类别

单击"办公用品"下的【用品类别】，可以看到已存在的办公用品列表，如图 8-119 所示。

图 8-119　办公用品列表

单击【添加】可以添加新的用品类别，选中一种类别，单击【删除】，将删除该用品类别。

8. 车辆管理

（1）车辆管理

单击导航栏中"车辆管理"下的【车辆管理】，右边将显示如图 8-120 所示的页面。

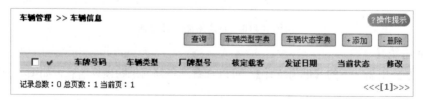

图 8-120　显示车辆信息界面

---

① 库存报警的是当前库存小于报警设置的用品。

单击【车辆类型字典】，然后单击【新增】，添加车辆类型，如图 8-121 所示。

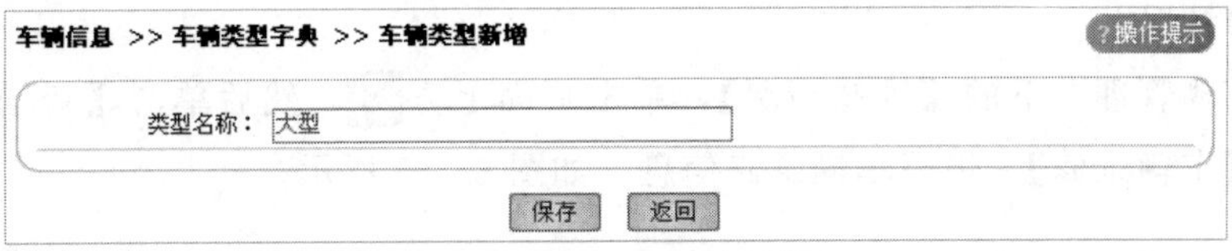

图 8-121　新增车辆类型界面

单击【保存】，系统会提示操作成功。

单击【车辆状态字典】，然后单击【新增】，添加车辆状态，如图 8-122 所示。

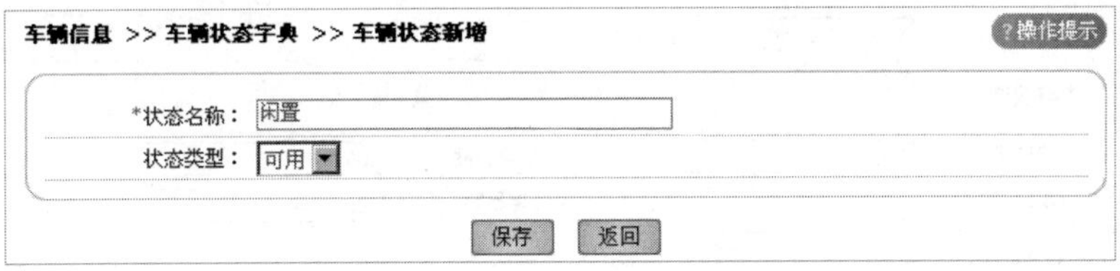

图 8-122　新增车辆状态界面

单击【保存】，系统会提示操作成功。

添加车辆类型和车辆状态后可以添加具体车辆。单击【添加】，添加车辆信息，如图 8-123 所示。

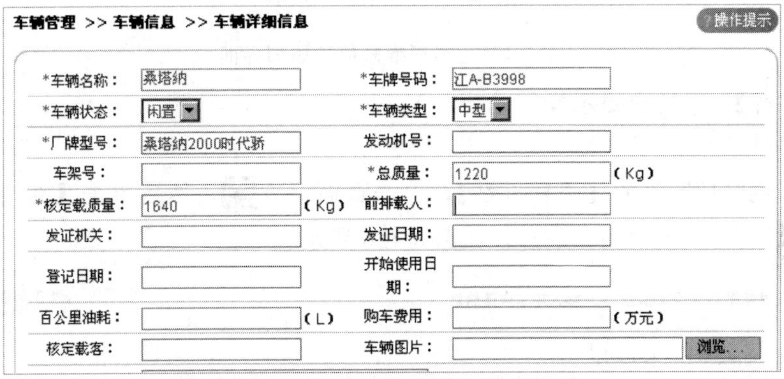

图 8-123　填写车辆详细信息界面

单击【保存】，系统会提示保存成功。

（2）油耗登记

单击"车辆管理"下的【油耗登记】，登记车辆加油信息，如图 8-124 所示。

图 8-124　车辆耗油登记界面

单击【保存】，系统会提示操作成功。

(3) 维修情况[①]

单击"车辆管理"下的【维修情况】，单击页面上方 ![icon]，然后单击【新增】，在弹出的页面中选择【车辆维修】，填写车辆维修信息，如图 8-125 所示。

图 8-125　车辆维修信息添加界面

单击【保存】，系统会提示操作成功。

(4) 里程补贴[②]

单击"车辆管理"下的【里程补贴】，单击页面上方 ![icon]，然后单击【新增】，在弹出的页面中选择"用车"，填写用车信息，如图 8-126 所示。

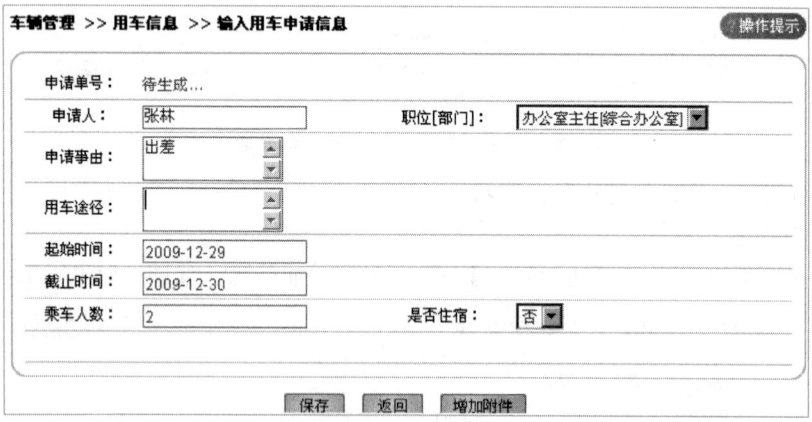

图 8-126　用车申请界面

---

① 要确保已经在工作流管理中设置过车辆维修工作流程。
② 要确保已经制定过用车工作流。

单击【保存】，系统会提示操作成功。

用车申请后需要审批。单击"工作流管理"下的【流程审批】，可以看到待审批的用车申请列表，如图 8-127 所示。

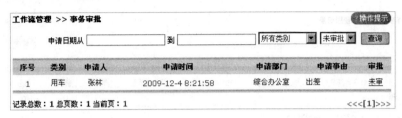

图 8-127　待审批的用车申请列表

单击【未审】，输入车辆明细和审批结果，如图 8-128 所示。

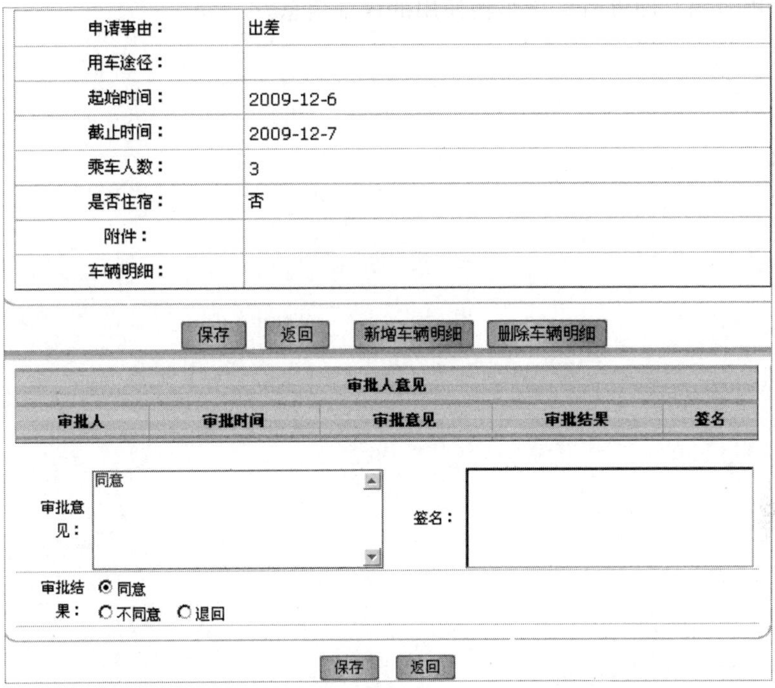

图 8-128　用车申请审批界面

单击【保存】，系统会提示操作成功，即用车申请审批通过。

用车申请审批通过后需要登记一下。单击"工作流管理"下的【事务登记】，可以看到待登记的用车信息，如图 8-129 所示。

图 8-129　待登记的用车信息列表

单击【立即登记】，在出现的页面中单击【保存】，系统会提示登记成功。

(5) 使用情况

单击"用车管理"下的【使用记录】，可以看到车辆使用信息列表，如图 8-130 所示。

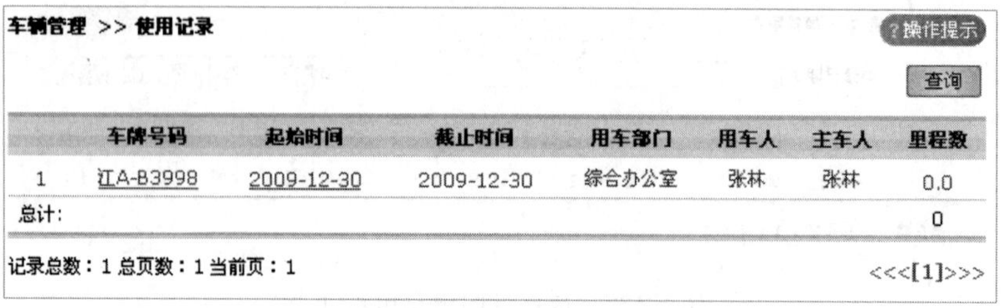

图 8-130　车辆使用信息列表

单击"车牌号码"即可看到该车辆使用的详细信息。

参 考 文 献

[1] 奥派电子政务实践教学平台软件.
[2] 蔡立辉. 电子政务. 北京：清华大学出版社，2009.
[3] 金江军. 电子政务理论与方法. 北京：中国人民大学出版社，2013.